2021년 3월 25일 1판 4쇄 **펴냄**
2019년 6월 25일 1판 1쇄 **펴냄**

펴낸곳 (주)효리원
펴낸이 윤종근
글 송미진 · **그린이** 라임스튜디오
등록 1990년 12월 20일 · **번호** 2-1108
우편 번호 03147
주소 서울시 종로구 삼일대로 457, 1206호
대표 전화 02)3675-5222 · **편집부** 02)3675-5225
팩시밀리 02)765-5222

ⓒ 2019. (주)효리원

잘못 만들어진 책은 구입하신 서점에서 바꾸어 드립니다.
ISBN 978-89-281-0632-5 74810
홈페이지 www.hyoreewon.com

1·2학년이 꼭! 읽어야 할
열두 별자리

송미진 글 라임스튜디오 그림

효리원
hyoreewon.com

밤하늘을 올려다보세요. 아름다운 별들이 반짝반짝 빛나고 있어요. 아, 물론 알아요. 미세먼지 가득한 도시에서 밤하늘의 별을 보기란 '하늘의 별 따기'라는 것을요! 하지만 한적한 시골에 가면 지금도 총총 빛나는 별을 만날 수 있답니다.

여러분은 밤하늘의 별들을 바라보면 어떤 생각이 드나요? 왠지 신비한 이야기 한 자락쯤 숨기고 있을 것 같지 않나요?

오래전 바빌로니아 사람들은 밤하늘에 떠 있는 별과 별을 이어 별자리를 만들었어요. 별자리는 모두 열두 개로, 일 년 열두 달을 의미하도록 했지요. 열두 별자리마다 이름을 붙였는데, 주로 그리스 신화에 나오는 신과 영웅, 동물들과 얽힌 이름이었어요. 바로 사자자리, 처녀자리, 천칭자리, 전갈자리, 궁수자리, 염소자리, 물병자리, 물고기자리, 양자리, 쌍둥이자리, 황소자리, 게자리!

열두 별자리는 하늘에서 태양이 움직이는 길인 황도에 있다고 하여 황도 십이궁이라 불렀어요. 그리고 황도 십이궁은 사람의 운명을 결정짓는 신비한 힘이 있다고 믿었답니다. 그래서 자신이 태어난 달에 해당하는 별자리를 찾고 점치기를 좋아했지요.

이 책은 이러한 황도 십이궁마다 얽힌 유래를 재미있게 풀어쓴 책이에요. 한편의 재미있는 이야기를 읽고 별자리마다 깃든 사람의 성격, 친구 관계, 적성 등을 알 수 있도록 했답니다.

과연 내 별자리에는 어떤 이야기가 숨어 있을까요? 그리고 그 안에는 어떤 운명이 깃들어 있을까요? 신비한 열두 별자리 이야기로 만나 보세요~!

차 례

1장 봄철 별자리

사자자리 ★★★★★★★★★★ 12
ㄴ 너와 나의 별자리, 점! ★ 24

처녀자리 ★★★★★★★★★ 26
ㄴ 너와 나의 별자리, 점! ★ 36

천칭자리 ★★★★★★★★★★ 38
ㄴ 너와 나의 별자리, 점! ★ 48

2장 여름철 별자리

전갈자리 ★★★★★★★★★★ 52
ㄴ 너와 나의 별자리, 점! ★ 62

궁수자리 ★★★★★★ 64
ㄴ 너와 나의 별자리, 점! ★ 76

3장 가을철 별자리

염소자리 ★★★★★★★★★★★★★★★ 80
  └ 너와 나의 별자리, 점! ★ 92

물병자리 ★★★★★★★★★★★★★★★ 94
  └ 너와 나의 별자리, 점! ★ 106

물고기자리 ★★★★★★★★★★★★ 108
  └ 너와 나의 별자리, 점! ★ 118

양자리 ★★★★★★★★★★★★★★★★ 120
  └ 너와 나의 별자리, 점! ★ 132

4장 겨울철 별자리

황소자리 ★★★★★★★★★★★★★★ 136
  └ 너와 나의 별자리, 점! ★ 146

쌍둥이자리 ★★★★★★ 148
  └ 너와 나의 별자리, 점! ★ 160

게자리 ★★★★★★★ 162
  └ 너와 나의 별자리, 점! ★ 174

별자리를 더욱 재밌게!

그리스 신화 속 주요 신과 영웅

밤하늘을 밝히는 아름다운 별! 그중 밝은 별을 중심으로 별과 별을 이어 동물이나 물건, 또는 그리스 신화에 나오는 신들의 이름을 붙인 것을 '별자리'라고 한답니다. 별자리들은 저마다 이름을 갖게 된 유래가 있는데, 대부분 그리스 신화에 나오는 신과 영웅들에 얽힌 이야기지요. 따라서 그리스 신화 속 주요 신과 영웅들에 대해 알고 있으면 별자리 이야기가 훨씬 더 재미있답니다.

크로노스
농경과 계절의 신. 아들에게 지위를 뺏긴다는 예언을 믿고 자식들이 태어나는 대로 잡아먹다가 막내아들인 제우스에게 쫓겨나는 신.

레아
크로노스와의 사이에서 제우스, 포세이돈, 헤라를 낳은 티탄 족 여신.

제우스
크로노스와 레아의 막내아들로 그리스 신화 최고의 신.

헤라
제우스의 누나이면서 아내로 올림포스 여신 중 최고의 여신. 결혼과 출산을 맡아 관리하는 가정생활의 수호신.

데메테르
곡물의 성장과 풍요를 담당하는 대지의 여신.

하데스
크로노스와 레아의 아들. 제우스, 포세이돈과 형제 사이. 죽음의 세계를 지배하고, 지하 세계를 다스리는 신.

아폴론
제우스와 레토의 아들. 태양·예언·의료·궁술·음악·시의 신.

프로메테우스
인간에게 불을 훔쳐다 준 일로 제우스의 노여움을 사 코카서스의 바위에 묶여 독수리에게 간을 쪼이는 영웅.

아르테미스
제우스와 레토의 딸로, 사냥·다산·순결·달의 여신.

레토
제우스가 사랑한 거인족. 헤라의 질투로 힘겹게 쌍둥이 아폴론과 아르테미스를 낳은 여신.

오리온
거인 사냥꾼.

에로스
사랑의 신. 아프로디테의 아들. 활과 화살을 가지고 다니는데, 그가 쏜 금 화살을 맞으면 사랑에 빠지고 납 화살을 맞으면 증오하게 됨.

아프로디테
미와 사랑의 여신.

헤라클레스
제우스와 인간 알크메네 사이에서 태어남. 헤라의 음모로 아내와 아들을 죽이게 되고, 그 죗값으로 12가지의 모험을 하게 됨. 하지만 용기와 지혜로 어려움을 모두 해결하는 영웅.

헤파이스토스
불과 대장간의 신. 아프로디테의 남편.

헤르메스
제우스와 마이아의 아들. 전령의 신·여행의 신·상업의 신·도둑의 신. 신의 세계, 인간의 세계, 지하의 세계를 넘나듦.

1장
봄철 별자리

사자자리 처녀자리 천칭자리

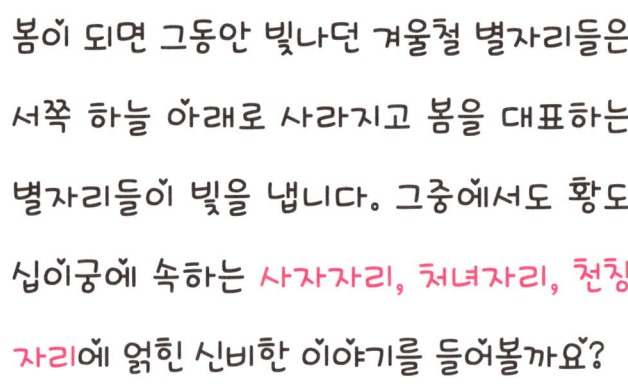

봄이 되면 그동안 빛나던 겨울철 별자리들은 서쪽 하늘 아래로 사라지고 봄을 대표하는 별자리들이 빛을 냅니다. 그중에서도 황도 십이궁에 속하는 사자자리, 처녀자리, 천칭자리에 얽힌 신비한 이야기를 들어볼까요?

사자자리

"크아아앙~!"

"악, 사람 살려, 으아악!"

오늘도 네메아 지역은 사람들의 비명과 맹수의 울부짖음으로 가득 찼어요.

"사자가 나타났다, 사자가 나타났다!"

"대문을 잠가요, 빨리빨리!"

사람들은 황급히 도망을 갔어요. 하지만 미처 피하지 못한 사람은 안타깝게도 사자의 먹이가 되고 말았답니다.

"크엉 크어어엉~!"

사자는 피가 뚝뚝 떨어지는 입을 쩍 벌리고 크게

울부짖었어요. 날카로운 사자의 이빨에는 방금 잡아먹은 사람의 살점이 끼어 있었어요.

네메아를 공포에 빠뜨린 이 사자는 덩치가 아주 크고, 단단하며, 무척 포악했어요. 시도 때도 없이 마을에 나타나 눈에 띄는 대로 가축과 사람을 잡아먹었지요. 네메아 사람들은 이 사자 때문에 잠시도 마음 편히 살 수가 없었어요.

에우리스테우스 왕은 네메아의 사자 때문에 골치가 아팠어요. 하루에도 수십 번씩 사자를 없애 달라는 백성들의 청원이 들어왔으니까요. 하지만 누구도 선뜻 나서서 사자를 없애겠다는 사람이 없었어요.

그러던 어느 날 에우리스테우스 왕의 고민을 싹 날려 주는 일이 생겼어요. 헤라의 음모로 아내와 자식을 죽인 헤라클레스에게 '에우리스테우스 왕을 찾

아가라.'는 신탁(신이 인간을 매개로 전하는 대답)이 내려진 것이었어요.

　에우리스테우스 왕은 자신을 찾아온 헤라클레스에게 그의 죗값으로 12가지의 모험을 명령했어요. 그리고 그 첫 번째 모험으로 네메아의 사자를 없애라고 했답니다.

　헤라클레스는 자신 있게 말했어요.

　"왕이시여, 걱정 마소서. 제가 반드시 네메아의 사자를 없애 버리겠나이다."

　'후훗, 한심한 헤라클레스. 네메아의 사자가 어떤 사자인지 모르고 있군. 너의 용기는 대단하다만 살아 돌아오기 힘들 것이다. 잘 가라, 헤라클레스.'

　에우리스테우스 왕은 속으로 이렇게 말하며 음흉한 웃음을 지었어요.

　사실 에우리스테우스 왕은 헤라클레스에게 미운

감정이 있었어요. 오래전에 헤라클레스가 자신을 섬기다 버리고 떠났거든요.

헤라클레스는 활과 화살, 긴 창을 가지고 네메아로 떠났어요. 한참 길을 가는데 울퉁불퉁 혹이 달린 올리브 나무가 한 그루 서 있었어요. 헤라클레스는 가던 길을 멈추고 가장 굵은 가지를 잘라 방망이를 하나 만들었어요.

드디어 네메아에 도착한 헤라클레스는 얼마 되지 않아 사자를 만났어요.

"나 헤라클레스가 오늘 너의 숨통을 끊어 버릴 것이다!"

"크아아아앙!"

헤라클레스가 사자를 향해 외치자 사자도 지지 않고 큰 소리로 울부짖었어요.

헤라클레스는 얼른 화살을 꺼내 사자를 향해 쏘

았어요. 그런데 이게 웬일일까요? 화살은 사자의 몸에 박히지 않고 그대로 튕겨 나갔어요. 다시 한 번 신중하게 화살을 겨누고 쏘았지만 이번에도 화살은 사자의 몸에서 튕겨 나왔어요.

'가죽이 얼마나 단단하면 화살이 박히지 않지?'

헤라클레스는 활 대신 창을 꺼내 들고 사자를 노려보았어요.

연거푸 화살을 맞은 사자는 단단히 화가 났는지 "크아아앙~" 울부짖더니 헤라클레스를 향해 달려들었어요. 헤라클레스는 재빨리 몸을 피하며 창으로 사자의 옆구리를 찔렀어요. 하지만 창끝은 사자 가죽을 뚫지 못했어요.

사자가 몸을 돌려 다시 헤라클레스를 향해 달려들었어요. 헤라클레스는 사자를 피하면서 올리브나무 방망이로 힘껏 사자의 등을 내리쳤어요. 하지만 사자는 아무렇지도 않은 듯 앞발을 휘두르며 헤라클레스를 공격했어요.

헤라클레스는 연신 방망이를 휘두르며 사자를 공격했고, 사자는 끄떡도 하지 않고 헤라클레스의 목을 물어뜯으려 했어요. 서로 뒤엉켜 싸우다 떨어져서 공격할 틈을 노리기를 여러 번, 어느 순간 사자는 날카로운 발톱으로 헤라클레스의 몸을 크게 할퀴었어요.

"으악!"

헤라클레스의 몸에서 피가 뚝뚝 떨어졌어요.

"에잇, 이 못된 사자!"

헤라클레스는 덤벼드는 사자의 머리를 방망이로 힘껏 내리쳤어요.

"크어어응!"

순간 사자는 중심을 잃고 몸을 비틀거렸어요. 헤

라클레스는 얼른 몸을 날려 사자의 등에 올라타 두 손으로 사자의 목을 힘껏 졸랐어요. 사자는 빠져나오려 몸을 버둥거렸지만, 그럴수록 헤라클레스의 두 손은 더욱더 힘껏 사자의 목을 졸랐어요.

"이야아압! 으으으으윽!"

소리를 지르며 사자의 목을 조르는 헤라클레스의 이마에는 힘줄이 불끈 솟아올랐어요. 시뻘건 얼굴에는 땀이 비 오듯 쏟아졌고요. 헤라클레스는 온몸의 기운을 쥐어짜 사자의 목을 계속 졸랐어요.

"컥컥커, 커컥커어억!"

마침내 사자는 커다란 몸을 축 늘어뜨리며 숨이 끊어졌어요.

"헉헉, 이제야 죽었군!"

헤라클레스는 가쁜 숨을 몰아쉬며 사자의 등에서 내려왔어요.

헤라클레스는 사자의 두개골을 떼어내 머리에 쓰고, 사자의 가죽은 벗겨 몸에 걸쳤어요. 누가 봐도 용감하고 당당한 영웅의 모습이었어요.

"헤라클레스 만세, 만만세!"

"고마워요, 헤라클레스!"

네메아 사람들 모두가 집에서 나와 환호를 지르며 기뻐했어요.

한편, 사자를 무찌르고 돌아오는 헤라클레스를 본 에우리스테우스 왕은 깜짝 놀랐어요.

"미, 믿을 수가 없어……."

에우리스테우스 왕은 헤라클레스가 이번 모험에서 죽기를 바랐어요. 그런데 살아 돌아오다니! 더구나 사자 두개골과 사자 가죽을 걸친 헤라클레스의 모습은 네메아의 사자가 살아 돌아온 것처럼 무섭기까지 했어요.

하늘에서 이 모든 것을 지켜본 제우스는 마음이 흐뭇했어요.

"하하하, 넌 역시 이 제우스의 아들이야!"

제우스는 헤라클레스가 네메아의 사자를 처치한 일을 기념하고 싶었어요. 그래서 사자를 하늘로 올려 별자리로 만들었어요. 사람들이 별자리를 보며 헤라클레스의 영웅적인 행동을 오래도록 기억하길 바라는 마음에서였지요. 이 별자리가 바로 '사자자리'랍니다.

사자자리
(생일 양력 7월 22일~8월 22일)

큰곰자리와 처녀자리 사이에 있는 별자리. 황도 십이궁의 다섯째 별자리로, 2월에서 4월까지 남쪽 하늘에서 밝은 빛으로 빛난답니다.

알쏭달쏭~ 사자자리의 성격

★ 열정적이고 카리스마 넘치는 리더 타입!

언제 어디서나 사람들을 주도하고 이끄는 리더십이 강해서 사람들에게 칭찬과 존경을 받지요. 쾌활한 에너지와 진취적인 열정도 가득해요.

★ 이런 점은 조심!

사자자리는 과시욕이 강한 편이에요. 그래서 건방지고 잘난 척하는 사람이라는 오해를 받기 쉬워요. 스스로를 낮추는 겸손함이 필요해요.

믿거나말거나~ 사자자리에 딱 맞는 직업

★ 사자자리의 성향은?

사람들 앞에 나서서 자신만만하게 자신을 내세우는 걸 즐겨요. 뒤로 물러나거나 다른 사람에게 존재감이 묻히는 것을 아주 싫어한답니다.

★ 이런 직업이 맞아요!

연기자, 가수, 모델, 예능인, 무용가, 운동선수, PD, 작가, 보석디자이너, 일러스트레이터, 엔터테인먼트 사업가, 정치가, 변호사 등.

꽁냥꽁냥~ 사자자리의 친구 관계

★ 비슷한 성격의 친구가 좋아!

사자자리는 이성적이고 진지한 성격의 친구보다는 과감하고 거침없으며, 쾌활한 친구들과 쉽게 친해져요. 친구를 사귈 때도 친구에게 푹 빠진답니다.

★ 사자자리와 잘 맞는 친구는?

양자리, 궁수자리, 천칭자리!

쾌활한 양자리와는 즐겁게 지낼 수 있고, 외향적인 궁수자리는 사자자리와 쿵짝이 잘 맞아요. 천칭자리와는 서로 부족한 부분을 채워 줘요.

★ 사자자리와 안 맞는 친구는?

황소자리, 쌍둥이자리, 전갈자리!

느긋한 황소자리에게는 답답함을 느끼기 쉽고, 임기응변이 뛰어난 쌍둥이자리에게는 마음을 열기 어려워요. 전갈자리와는 공유할 수 있는 부분이 없어요.

깨알 팁~ 사자자리 유명인은?

- **유재석** 대한민국의 MC, 코미디언
- **알프레드 히치콕** 미국 영화감독, 스릴러물의 거장
- **나폴레옹** 프랑스의 군인이며, 제1통령, 황제
- **재클린 케네디** 미국 대통령 존. F. 케네디의 영부인
- **무솔리니** 이탈리아의 정치가
- **조앤 K. 롤링** 해리 포터 시리즈를 쓴 영국 작가

처녀자리

"아하하함~!"

나른한 봄날 오후, 지하 세계의 신 하데스는 늘어지게 하품을 했어요.

"모든 것이 살아나는 봄이 되니 내가 할 일이 줄어들었구나. 이거 원, 좀이 쑤셔 견딜 수가 없네."

하데스는 기지개를 켜며 자리에서 일어났어요.

"심심해서 안 되겠다. 지상에라도 올라가 보자."

하데스는 급히 외출 준비를 하고 검은 말이 끄는 마차에 올랐어요.

"이랴, 이랴!"

하데스는 말고삐를 단단히 쥐고 쉬지 않고 말을

몰았어요. 건강하고 늠름한 말은 나는 듯이 달려 지상으로 올라왔어요.

"오, 밝은 햇볕과 따뜻한 바람! 아름다운 꽃과 나비……."

하데스는 봄이 한창인 지상을 거닐며 시간 가는 줄을 몰랐어요.

그때 어디선가 여인들의 목소리가 들려왔어요.

"페르세포네 아가씨, 이것 좀 보세요."

"어머나, 정말 예쁘구나."

"그래도 아가씨보다는 덜 예쁘답니다."

"뭐라고? 호호호!"

하데스는 소리가 나는 곳으로 살금살금 가 보았어요. 그곳에는 긴 머리의 아리따운 아가씨가 시녀들과 함께 꽃을 꺾고 있었어요.

'오, 아름답다. 이름이 페르세포네…….'

하데스는 페르세포네의 얼굴을 넋을 잃고 바라보았어요. 웬일인지 가슴도 두근두근 하고 입안의 침도 말랐어요.

어느덧 페르세포네가 하데스가 숨어 있는 곳까지 왔어요. 풀숲에 몸을 숨기고 있던 하데스는 조금씩 조금씩 페르세포네에게 다가갔어요.

아무것도 모르는 페르세포네는 자신 앞에 있는 꽃을 꺾으려 허리를 굽히고 팔을 쭉 내밀었어요. 그 순간 하데스가 페르세포네를 번쩍 안아 마차에 태웠어요.

"앗, 누, 누구세요? 살려 주세요!"

페르세포네는 놀라 소리를 쳤어요.

"페르세포네, 나는 지하 세계의 신 하데스요. 첫눈에 당신에게 반했소. 내 아내가 되어 주시오."

하데스는 페르세포네의 의견 따위는 생각하지

않고 강제로 결혼을 하였어요.

페르세포네는 부족한 것 없이 지냈어요. 하지만 어두컴컴한 지하 세계에서 사는 것이 하나도 행복하지 않았어요.

한편, 페르세포네의 어머니 데메테르는 사라진 딸 때문에 하루하루를 눈물로 보냈어요.

"소중한 내 딸 페르세포네야, 넌 지금 어디 있단 말이냐? 흑흑!"

대지의 여신인 데메테르는 오직 딸을 찾는 일에만 정신을 쏟았어요. 그러다 보니 땅은 점점 황폐해졌어요. 꽃과 나무는 시들고, 곡식은 자라지 않고, 과일은 열리지 않았어요.

"이러다 우리 모두 굶어 죽겠어요!"

"대지의 여신이 농사에는 관심을 두지 않고 페르세포네만 찾아다니니……."

"대체 아가씨는 어디 있는 거예요? 우리 인간들은 모두 굶어 죽게 생겼어요. 흑흑."

아이들은 배가 고파 울어 대고, 어른들은 밭두렁에 주저앉아 울부짖었어요.

"더 이상 두고 볼 수가 없구나. 내가 나서야지."

신들의 왕인 제우스는 대지의 여신 데메테르를 불러 말했어요.

"페르세포네는 하데스와 결혼해서 지하 세계에서 살고 있다. 그러니 딸을 찾아 그만 헤매라."

"뭐라고요? 우리 딸이 그 어두운 지하 세계에 있다고요? 아이고, 불쌍한 내 딸! 흑흑, 흑흑!"

데메테르는 울음을 그치지 않았어요. 여전히 딸 걱정만 하며 땅을 돌보지 않았어요.

할 수 없이 제우스는 직접 하데스를 찾아갔어요.

"하데스 형님, 데메테르가 딸을 찾느라 땅을 돌

보지 않아 모든 게 말라 죽어가고 있어요. 이대로 가다가는 지상의 인간들은 굶어 죽고 말 겁니다. 페르세포네를 데메테르에게 돌려보내 주세요."

"신들의 왕인 아우님이 직접 와 부탁을 하니 내가 모른 척 할 수가 없군."

하데스는 순순히 그러겠다고 대답을 하였어요.

"페르세포네, 그대를 지상으로 돌려보내 주겠소."

"하데스님, 그게 정말이에요? 아, 고맙습니다."

페르세포네는 하데스의 손을 잡고 기쁨의 눈물을 흘렸어요.

"떠나기 전에 내 선물이니 이 석류나 맛보시오."

페르세포네는 고마운 마음으로 하데스가 주는 석류를 받아 먹었어요. 페르세포네는 그때까지 하데스가 주는 지하 세계의 음식은 입에 대지 않고

있었어요. 하지만 떠나기 전에 주는 선물이라는 말에 별 생각 없이 입에 댔어요. 더구나 어찌나 맛있던지 4개나 먹었답니다.

페르세포네가 지상으로 떠나려 마차에 오르자 하데스가 한마디 했어요.

"지하 세계의 음식을 먹으면 지하 세계와 인연을 끊을 수 없소. 그대는 석류 4개를 먹었으니 여덟 달은 지상에서 살 수 있지만, 네 달은 이곳으로 돌아와 살아야 하오."

"뭐라고요? 나를 속였군요. 하지만 좋아요. 그렇게라도 지상에서 살 수 있다면……."

페르세포네가 지상으로 돌아오자 데메테르는 다시 땅을 돌보았어요. 꽃은 활짝 피어나고, 풀과 나무는 우거졌어요. 밀과 보리는 쑥쑥 자라고, 과일은 주렁주렁 열렸어요.

어느덧, 여덟 달이 지났어요. 페르세포네는 하데스와 한 약속대로 지하 세계로 돌아갔어요.

대지의 여신 데메테르는 다시 슬픔에 빠졌어요. 땅을 돌볼 생각은 하지 않고 페르세포네만 그리워했어요. 땅 위의 풀은 말라 버렸고, 나무들은 잎을 떨군 채 앙상한 가지만 바람에 흔들렸어요.

하지만 넉 달이 지나 다시 페르세포네가 지상으로 돌아오면 데메테르는 활기를 되찾고 부지런히 땅을 돌보았어요. 그러면 땅 위에는 파릇한 새싹이 돋고, 생기가 돌았어요. 이렇게 하여 지상에는 봄, 여름, 가을, 겨울 사계절이 생겨났답니다.

그 후 페르세포네는 하늘의 별자리가 되어 봄이 되면 하늘로 떠올라요. 그 별자리가 바로 '처녀자리'랍니다.

너와 나의 별자리 점!

처녀자리

(생일 양력 8월 23일~9월 22일)

사자자리와 천칭자리 사이에 있어요. 황도 십이궁의 여섯째 별자리로 3월부터 5월까지 긴 별무리가 늘어서 있어요.

알쏭달쏭~ 처녀자리의 성격

★ 성실하고 근면한 모범생!

처녀자리는 꾀를 부릴 줄 몰라요. 아무리 힘든 일도 남에게 떠넘기지 않고 스스로 묵묵히 해낸답니다.

★ 이런 점은 조심!

실수와 실패를 용납하지 못해요. 그래서 다른 사람도 자신처럼 철저하길 원하지요. 그러다 보니 남에게 부담을 주곤 해요. 사소한 실수와 실패는 너그럽게 넘기는 여유가 필요해요.

믿거나말거나~ 처녀자리에 딱 맞는 직업

★ 처녀자리의 성향은?

관찰력과 분석력이 좋고, 책임감이 강해 전문 분야에서 능력을 발휘할 수 있어요. 단 사람을 이끄는 일은 힘들어 해요.

★ 이런 직업이 맞아요!

비서, 매니저, 프로그래머, 공무원, 회계사, 세무사, 북에디터, 작가, 선생님, 치과의사, 수의사, 약사, 저널리스트, 음악치료사 등.

꽁냥꽁냥~ 처녀자리의 친구 관계

★솔직하고 성실한 성격!

쉽게 마음을 열지 않고 서서히 가까워지는 편이에요. 지적이고 진솔한 친구를 좋아하고, 지저분하거나, 너무 열정적인 친구와는 가까워지기 힘들어요.

★처녀자리와 잘 맞는 친구는?

황소자리, 염소자리, 물고기자리!
성실한 황소자리, 염소자리와 잘 맞아요. 상상력이 풍부한 물고기자리와는 지루하지 않게 지낼 수 있어요. 같은 처녀자리와도 잘 맞아요.

★처녀자리와 안 맞는 친구는?

양자리, 쌍둥이자리, 사자자리, 궁수자리!
나서기를 좋아하는 양자리와 사자자리는 처녀자리가 감당하기 힘들어요. 쌍둥이자리와는 사사건건 다투고, 궁수자리와는 서로 상처만 줘요.

깨알 팁~ 처녀자리 유명인은?

- **류수영** 대한민국의 탤런트
- **D. H. 로렌스** 영국의 소설가 겸 시인
- **아가사 크리스티** 영국의 추리 작가
- **빌 클린턴** 미국의 제42대 대통령
- **오 헨리** 미국의 단편 작가
- **프레디 머큐리** 영국 록 그룹 '퀸'의 보컬

천칭자리

　제우스의 아버지 크로노스가 세상을 지배하고 있을 때, 이 세상은 평화로웠어요. 사람들은 서로 사랑하고 아끼며 사이좋게 지냈어요. 누군가 잘못을 해도 이해하고 미워하지 않았어요. 그러다 보니 다툼도 싸움도 없고 무기도 없었어요.

　더구나 풀과 나무, 곡식과 과일, 동물과 물고기 등 모든 생물이 죽어 사라지지 않고 언제나 그대로 있어 사람들은 식량을 구할 근심 걱정 없이 행복하게 지냈답니다. 이때는 신들도 인간 세상에서 사람들과 어울려 살았어요.

　"오늘 아주 탐스런 과일을 땄어요. 가장 좋은 것

을 신께 올립니다."

"살이 통통한 양을 먼저 신께 드립니다. 모두 신의 보살핌 덕분이옵니다."

사람들은 신을 존경하고 받들며 감사한 마음을 전했어요.

"우리 아이가 여행을 떠납니다. 다치지 않고 건강하게 돌아올 수 있도록 신께서 지켜 주세요."

한편으로 신들에게 도움을 요청할 일이 있으면, 사람들은 언제든지 찾아와 부탁을 했어요. 그럴 때면 신들은 기꺼이 사람들의 부탁을 들어주었답니다.

이처럼 신과 사람들이 어울려 근심 걱정 없이 행복하게 살던 시대를 '황금시대'라고 해요.

그런데 이 세상에 사계절이 생기면서 사람들은 변하기 시작했어요. 새싹이 돋아난 봄이 지나면 더운 여름이 되고, 풍성한 가을이 지나면 풀 한 포기

볼 수 없는 추운 겨울이 되었어요. 사람들은 추운 겨울에 먹을 식량을 준비하기 위해 봄에 씨앗을 뿌려 여름 동안 가꾸고 가을이면 추수를 했어요. 그러다 보니 서서히 욕심이 생기고 다른 사람보다는 나와 가족을 먼저 챙기게 되었답니다.

"이봐요, 여기는 내 땅이오. 왜 여기다 씨앗을 뿌리는 거요!"

"흥, 당신 땅이라는 증거 있어? 오늘부터는 내 땅이라고!"

"아이고, 배가 아파 못살겠네. 우리 집 밀은 쭉정이뿐인데 옆집의 밀은 알맹이가 통통해."

사람들은 남의 땅을 빼앗고, 남이 잘되는 것을 시기했어요. 그러다 보니 서로 다투고 싸우는 일이 잦아졌어요. 게다가 신들을 존경하기는커녕 화를 내고 불평을 일삼았어요.

"도대체 대지의 여신은 뭘 하는 거야? 곡식이 자라지를 않잖아!"

"신에게 제물을 그렇게 많이 바쳤는데 왜 이 정도밖에 안 해주는 거야!"

신들은 사람들과 어울려 사는 것이 점점 힘들어졌어요.

"어휴, 사람들이 너무 거칠어졌어."

신들은 하나둘 하늘로 올라가 버렸어요. 이 시대를 '은의 시대'라고 해요.

사람들은 점점 더 험악해졌어요. 땅속의 철과 금을 캐내어 무기를 만들고 전쟁을 시작했어요.

"우리 함께 이웃 마을을 칩시다. 그곳에 비옥한 땅이 있어요!"

"와와! 당장 쳐서 땅을 빼앗자!"

"돌격!"

심지어는 재물에 눈이 멀어 친형제끼리 싸움을 하기도 했어요.

"아버지가 물려주신 재산을 모두 내놓아라!"

"무슨 소리야, 형도 재산을 받았잖아!"

형제는 칼을 빼어들고 싸웠어요. 마침내 형의 칼에 동생이 목숨을 잃는 끔찍한 일이 벌어졌어요.

신들은 변해 버린 사람들에게 잘못을 깨닫고 착한 마음을 찾으라고 설득했지만 아무도 듣지를 않

았어요.

"지금 착하게 사는 게 중요한 게 아니에요. 창고에 먹을 걸 많이 쌓아놓는 게 더 중요하다고요!"

전쟁을 일삼고, 약한 사람의 재물을 빼앗고, 서로를 죽이던 이 시대를 '철의 시대'라고 해요.

"더 이상 사람들과 어울려 살 수가 없어요."

"이제는 떠날 때가 된 것 같소. 자, 모두들 하늘로 올라갑시다."

"그래요. 사람들 모두가 변했어요."

신들은 앞다퉈 하늘로 올라갔어요.

그런데 정의의 여신 아스트라에아만이 고개를 가로 저으며 말했어요.

"난 그렇게 할 수 없어요."

"어째서요?"

"아직도 지상의 사람들에게 미련이 있나요?"

신들이 아스트라에아에게 한마디씩 했어요.

"나는 사람들을 설득해서 평화롭던 황금시대로 돌려놓을 거예요."

아스트라에아는 반드시 그렇게 하겠다는 듯이 한 손 주먹을 꼭 쥐어 보였어요.

"하하하, 그게 가능할 거라고 생각해요?"

"사람들은 너무나 잔인하고 포악해졌어요. 우리 말 따위는 귓등으로도 안 듣는다고요!"

"잘해보시구려. 우리는 떠날 테니."

다른 신들은 아스트라에아의 말에 콧방귀를 뀌었어요.

이제 지상에 남은 신은 아스트라에아뿐이었어요. 아스트라에아는 사람들이 싸우는 곳이라면 어디든 달려갔어요. 그런 아스트라에아의 손에는 늘 천칭 저울이 들려 있었답니다.

"네가 우리 집 소를 훔쳐 갔지?"

"뭐라고? 왜 생사람을 잡고 난리야!"

"네가 우리 소를 끌고 가는 걸 본 사람이 있어!"

"그건 너희 집 소가 울기에 배가 고파 그런 것 같아 풀을 뜯게 하려고 끌고 간 거야! 그런 뒤 다시 너희 집에 소를 데려다 놨단 말이야!"

한 동네 친구끼리 소 때문에 싸움이 났어요. 아스트라에아는 부리나케 천칭을 들고 두 사람 앞에 나타났어요.

"자, 내가 누구 말이 맞는지 가려 줄게요. 거짓말을 하고 있는 사람의 저울판은 내려가고, 바른 말을 하고 있는 사람의 저울판은 올라갈 거예요."

아스트라에아는 천칭 저울의 양쪽 저울판에 한 사람씩 올려놓았어요. 그러자 소에게 풀을 뜯게 했다는 사람의 저울판이 아래로 내려갔어요.

"당신이 소를 훔쳐간 게 맞아요! 어서 용서를 빌고 돌려주세요."

"에잇, 이깟 저울이 그걸 어떻게 알아!"

소를 훔친 사람은 아스트라에아의 천칭을 빼앗아 바닥에 내동댕이쳤어요.

"난 안 훔쳤어, 안 훔쳤다고!"

그는 자신의 잘못을 결코 인정하지 않았어요. 아스트라에아는 충격을 받았어요.

'사람들에게 정의를 가르쳐도 받아들이지를 않는구나. 사람들의 마음을 황금시대로 돌리는 것은 불가능해. 이제 나도 그만 하늘로 올라가야겠어.'

아스트라에아는 이 세상을 포기하고 하늘로 올라갔어요. 대신 하늘의 별자리가 되어 계속 사람들에게 정의를 알려 주기로 했어요. 이 별자리가 바로 '천칭자리'랍니다.

천칭자리

(생일 양력 9월 22일~10월 22일)

처녀자리와 전갈자리 사이에 있는 별자리예요. 황도 십이궁의 일곱째 별자리로, 별빛이 밝지 않아서 7월 초순 저녁에 겨우 볼 수 있어요.

알쏭달쏭~ 천칭자리의 성격

★ 갈등을 싫어하고 사교성이 좋아요!

천칭자리는 갈등과 싸움을 중재하는 재능이 뛰어나요. 문제가 생기면 어느 한쪽을 편드는 일 없이 모두가 받아들일 수 있는 방법을 찾아요. 사교성도 좋아서 주변에 친구가 많아요.

★ 이런 점은 조심!

거절을 잘 못하는 편이라 우유부단하고 줏대 없다는 소리를 들을 수 있어요. 경우에 따라서는 맺고 끊을 줄 아는 단호함이 필요해요.

믿거나말거나~ 천칭자리에 딱 맞는 직업

★ 천칭자리의 성향은?

혼자 하는 일보다 여럿이 같이 하는 일이 잘 맞아요. 아름다움을 창조하는 일에도 재능이 있어요.

★ 이런 직업이 맞아요!

미용사, 패션 디자이너, 인테리어 디자이너, 외교관, 정치가, 변호사, 플로리스트, 코디네이터, 푸드스타일리스트, 메이크업아티스트, 연주가 등.

꽁냥꽁냥~ 천칭자리의 친구 관계

★ 갈등 없이 조화롭게 어울려요!

천칭자리는 매력이 많아서 친구들의 마음을 금방 빼앗아요. 친구들과도 잘 어울리며 사이좋게 지내요. 한 친구에게 깊이 마음을 주지 않고 두루 잘 어울린답니다.

★ 천칭자리와 잘 맞는 친구는?

쌍둥이자리, 사자자리, 물병자리!
쌍둥이자리와는 취향이 비슷해 즐겁게 지내고, 사자자리와는 서로 부족한 부분을 채우며 지내요. 물병자리는 천칭자리의 성격을 잘 받아 주기 때문에 잘 지낼 수 있어요.

★ 천칭자리와 안 맞는 친구는?

처녀자리, 전갈자리, 염소자리!
완벽을 추구하는 처녀자리와는 자주 다투고, 독선적인 전갈자리, 생활 방식이 다른 염소자리와는 친해지지 못해요.

깨알 팁~ 천칭자리 유명인은?

- 박태환 대한민국의 수영 선수
- 현빈 영화 배우, 탤런트
- 기네스 펠트로 미국의 영화배우
- 아이젠하워 미국의 제34대 대통령
- 유진 오닐 미국의 극작가
- 존 레논 영국의 록 밴드 '비틀즈' 리드 보컬

2장
여름철 별자리

전갈자리 궁수자리

여름철은 강물처럼 길게 띠를 이루고 있는 은하수를 볼 수 있는 계절! 은하수 남쪽 끝으로 눈을 돌리면 황도 십이궁에 속하는 전갈자리와 궁수자리를 만날 수 있어요. 과연 이들 별자리에는 어떤 이야기가 숨어 있을까요?

전갈자리

"헤라님이 아무리 예쁘다고 해도 나보다는 못할 거예요!"

"맞아요. 시데, 당신이 훨씬 더 예뻐요."

오리온의 아내 시데는 사람들에 둘러싸여 자신의 미모를 뽐냈어요.

그런데 이 사실을 헤라가 알게 되었어요.

"뭐라고? 나보다 더 예쁘다고? 건방진 시데!"

화가 난 헤라는 시데를 하데스가 있는 저승 세계로 보내 버렸어요.

오리온은 하루아침에 아내를 잃었지요. 그런데 어쩐 일인지 슬퍼하는 기색이 없었어요. 사실은 부부 사이가 좋지 않았거든요.

오리온은 키오스 섬의 오이노피온 왕을 찾아가 다짜고짜 말했어요.

"메로페와 결혼하고 싶습니다. 부디 허락해 주십시오."

오이노피온 왕은 난처했어요. 오리온이 마음에 들지 않았거든요.

'오리온은 포세이돈의 아들로, 거인의 미남 사냥꾼이야. 하지만 다른 신들을 깔보고 힘자랑을 하고 다닌다는 소문이 자자해. 그래서 신들의 미움을 받고 있어……. 그런 오리온에게 금쪽같은 내 딸을 줄 수는 없지. 하, 이 일을 어쩐다?'

오이노피온 왕은 고민에 빠졌어요. 단번에 청혼을 거절했다가 오리온이 행패라도 부리면 낭패니까요.

오이노피온 왕은 헛기침을 몇 번 하고 말했어요.

"먼저 우리 섬 사람들을 괴롭히는 괴물을 없애 주시오. 그러면 내 딸과의 결혼을 생각해 보겠소."

거인 사냥꾼 오리온에게 괴물쯤은 하나도 두렵지 않았어요. 오리온은 오이노피온 왕의 말이 끝나기도 전에 당장 달려가 괴물을 처치해 버렸어요.

"듣던 대로 훌륭한 사냥꾼이군요. 내 고마움의 표시로 잔치를 열 테니 마음껏 즐기시오."

오리온은 왕의 부탁을 들어주었으니, 딸과의 결혼을 허락할 거라고 생각했어요. 그래서 들뜬 마음에 술과 음식을 맘껏 먹고 잠이 들었어요.

오이노피온 왕은 오리온이 괴물을 처치하고 왔어도 딸을 내주기 싫었어요.

'깊이 잠들었군. 이건 하늘이 주신 기회야.'

코를 드렁드렁 골며 깊은 잠에 빠진 오리온을 보

며 오이노피온 왕은 아랫입술을 꽉 깨물었어요. 그러고는 순식간에 오리온의 두 눈을 찔러 눈을 멀게 하였어요. 그러고는 오리온을 성 밖 멀리 내다 버렸어요.

얼마 후 잠이 깬 오리온은 자신이 장님이 된 것을 알고 소리를 지르며 괴로워했어요.

"눈, 내 눈! 괘씸한 오이노피온 왕! 아아, 가만두지 않겠어! 으아아악!"

그때 멀리서 쇠를 두드리는 소리가 들렸어요. 오리온은 그 소리를 향해 더듬더듬 나아갔어요. 그곳은 렘노스 섬이었어요.

섬에는 대장장이 신인 헤파이스토스가 살고 있었답니다. 헤파이스토스는 장님이 된 오리온을 불쌍하게 생각했어요.

"태양과 의료의 신인 아폴론을 만나 보게. 아폴

론이 다시 볼 수 있게 해 줄 거네."

"오, 그게 정말입니까?"

오리온은 다시 볼 수 있다는 반가운 말에 희망이 샘솟았어요.

헤파이스토스는 대장간에서 일하고 있는 소년에게 오리온을 아폴론이 있는 곳에 데려다 주도록 했어요. 얼마 후 소년의 도움으로 오리온은 무사히 아폴론이 있는 곳에 다다랐어요.

"제발, 내 눈을 고쳐 주시오. 부탁합니다."

아폴론이 오리온의 눈에 빛을 쏘자 오리온의 눈은 말끔히 나아 다시 볼 수 있게 되었어요.

"오, 보인다, 보여! 아폴론, 고맙습니다."

오리온은 그 큰 몸을 펄쩍이며 기뻐했어요.

"오이노피온 왕, 당신을 가만두지 않겠어."

오리온은 한달음에 키오스 섬으로 돌아왔어요.

그런데 어디에서도 왕의 모습은 보이지 않았어요. 왕은 오리온이 복수를 하러 온 것을 알고 헤파이스토스가 만든 지하실에 숨어 있었거든요.

오리온은 할 수 없이 키오스 섬을 떠나 크레타 섬으로 갔어요. 크레타 섬에는 아폴론의 쌍둥이 여동생인 달의 여신 아르테미스가 있었어요. 아르테미스는 은 활과 금 화살을 들고 숲에서 사슴이나 곰 같은 짐승을 사냥하는 활기찬 처녀 신이었어요.

사냥을 좋아하는 오리온은 아르테미스와 함께 사냥을 하며 즐겁게 지냈어요. 둘은 점점 서로에게 마음이 끌렸어요.

"아르테미스, 내가 얼마나 사냥을 잘하는지 보여 줄까요?"

"어떻게 보여 주실 건데요?"

"이 세상의 모든 짐승을 죽여 보겠소. 세상에 나

보다 강한 자는 없으니까."

오리온은 의기양양하게 큰소리를 쳤어요.

그런데 이 모습을 못마땅하게 여긴 신이 있었어요. 바로 제우스의 아내 헤라였답니다.

"오리온의 자만심이 끝을 모르는구나. 내가 너의 그 오만함을 없애 주겠다."

화가 난 헤라는 독침을 가진 전갈을 불렀어요.

"당장 오리온에게 가 그를 없애 버리도록 하라!"

헤라의 명령을 받은 전갈은 오리온에게 다가가 독침으로 오리온의 발목을 쿡 찔렀어요.

"윽! 이런 못된 전갈!"

화가 난 오리온은 발을 들어 전갈을 마구 짓밟았어요. 하지만 전갈의 독은 이미 온몸에 퍼진 상태였어요. 오리온은 몸의 중심을 잃고 쓰러지더니 그대로 숨을 거두었답니다.

"아주 잘했다. 내 너의 용감함을 잊지 않겠다."

헤라는 오리온을 죽인 전갈을 하늘에 올려 별자리로 만들었어요. 이 별자리가 바로 '전갈자리'예요. 그리고 오리온도 하늘에 올려 별자리로 만들었어요. 바로 '오리온자리'이지요.

별자리가 된 오리온은 필사적으로 전갈자리를 피해 다니고 있어요. 전갈자리가 떠오를 때면 오리온자리는 서쪽 하늘로 사라지고, 전갈자리가 서쪽 하늘로 쫓아 내려가면 오리온자리는 동쪽에서 떠오른답니다.

오리온의 죽음에 대해서는 다른 이야기도 있어요. 오리온을 죽인 것은 아르테미스라고 해요. 오리온과 아르테미스가 서로 호감을 갖자, 이를 못마땅하게 여긴 아폴론이 아르테미스에게 오리온을 목표물로 착각하여 쏘아 죽이게 했다고 해요.

너와 나의 별자리 점!

전갈자리

(생일 약력 10월 23일~11월 21일)

천칭자리와 궁수자리 사이에 있는 'S'자 모양의 별자리예요. 황도 십이궁의 여덟째 별자리로, 5월 말부터 7월 말 사이에 잘 보여요.

알쏭달쏭~ 전갈자리의 성격

★ 직감력이 뛰어난 과묵한 성격!

사람의 마음을 읽어 내는 능력이 탁월해요. 또한, 진실과 거짓을 가려내는 능력도 뛰어나지요. 수다스럽지 않고, 입이 무거워서 남의 이야기도 옮기지 않아요.

★ 이런 점은 조심!

의심이 많아서 사람을 쉽게 믿지 못해요. 그래서 속 깊은 이야기를 나누지 못하고, 진짜 친구를 사귀기 힘들어요. 속마음을 터놓는 용기가 필요해요.

믿거나말거나~ 전갈자리에 딱 맞는 직업

★ 전갈자리의 성향은?

예리한 직관력과 통찰력을 발휘할 수 있는 일, 혼자 조용히 머리를 쓰며 연구하는 일이 어울려요.

★ 이런 직업이 맞아요!

의사, 약사, 형사, 탐정, 연구원, 미술관 큐레이터, 심리학자, 천문학자, 물리학자, 고고학자 등.

꽁냥꽁냥~ 전갈자리의 친구 관계

★ **천천히 마음을 여는 타입!**
친한 친구가 되기까지 시간이 걸리지만, 친구가 된 뒤에는 오랫동안 우정을 잘 지켜나가요.

★ **전갈자리와 잘 맞는 친구는?**
물고기자리, 게자리, 황소자리, 염소자리, 궁수자리!
물고기자리와는 격려와 응원을 하는 사이, 황소자리와 염소자리와는 우정을 나누는 사이, 게자리와는 쉽게 가까워지고, 궁수자리는 전갈자리에게 부족한 부분을 채워 줘요.

★ **전갈자리와 안 맞는 친구는?**
양자리, 쌍둥이자리, 사자자리, 천칭자리, 물병자리!
양자리와는 다투면 화해하기 어렵고, 자유분방한 쌍둥이자리와 사자자리와는 오랫동안 우정을 나누기 힘들어요. 천칭자리와 물병자리와도 성격이 극과 극이에요.

깨알 팁~ 전갈자리 유명인은?

- **클로드 모네** 프랑스의 인상파 화가
- **찰스 왕세자** 현재 영국의 왕세자
- **로댕** 프랑스의 조각가
- **마틴 스콜세지** 미국의 영화감독
- **피카소** 스페인 출생의 20세기 최고의 화가
- **빌 게이츠** 미국의 마이크로소프트사 창업자

궁수자리

어느 날, 헤라클레스는 에리만토스 산에 사는 멧돼지를 산 채로 잡으러 떠났어요. 이 일은 헤라클레스가 아내와 자식을 죽인 죗값으로 치러야 하는 12가지의 모험 중 네 번째 모험이었어요.

멧돼지는 농작물을 파헤쳐 농사를 망칠 뿐만 아니라, 사람들에게까지 덤벼들어 공포의 대상이었어요. 하지만 어찌나 기운이 세고 사나운지 누구도 선뜻 나서서 잡지를 못하고 있었답니다.

"멧돼지야, 헤라클레스 님이 간다. 기다려라!"

헤라클레스는 사자 가죽을 척 걸치고 당당히 에리만토스 산으로 떠났어요. 그러나 소문대로 멧돼지는 만만한 놈이 아니었어요. 헤라클레스는 거의 1년 동안 멧돼지를 잡기 위해 쫓아다녔어요.

"네가 아무리 나를 피해 다녀도 넌 반드시 내 손에 잡힌다!"

얼마 후 헤라클레스는 마침내 눈앞에 멧돼지를 발견하였어요.

"오늘은 너와의 인연을 반드시 끊고 말겠다."

헤라클레스는 깊은 계곡으로 멧돼지를 몰았어요. 멧돼지는 잡히지 않으려 빠르게 도망을 갔지요. 헤라클레스도 지지 않고 힘차게 멧돼지를 쫓아갔어요. 그러기를 꼬박 하루, 멧돼지는 서서히 달리는 속도가 줄어들었어요. 하지만 헤라클레스의 힘은 여전히 넘쳐났답니다.

마침내 지친 멧돼지가 더운 콧김을 내뿜으며 풀숲에 주저앉는 순간 헤라클레스는 멧돼지를 사로

잡았어요.

네 번째 모험도 무사히 마친 헤라클레스는 산 멧돼지를 끌고 미케네를 향해 떠났어요. 한참을 가는데 저 앞에 야만적인 켄타우로스 족이 나타났어요. 켄타우로스는 머리부터 허리까지는 사람이고, 허리 아래는 말인데, 성질이 무척 난폭했어요.

"안녕하시오?"

켄타우로스가 부드러운 목소리로 먼저 인사를 했어요.

"아, 안…… 안녕하시오?"

켄타우로스가 시비를 걸 줄 알았는데 상냥하게 인사를 하자 헤라클레스는 적잖이 놀랐어요.

"나는 폴로스라고 합니다."

"나는 헤라클레스요."

"그러시군요. 아, 멧돼지 사냥을 하셨군요."

폴로스는 헤라클레스 옆에서 코를 쿵쿵 거리는 멧돼지를 보고 말했어요.

"아, 이것은……."

헤라클레스는 멧돼지를 잡게 된 자초지종을 이야기 했어요.

그러자 폴로스가 감탄을 하며 말했어요.

"오, 대단하십니다. 여기서 이러지 말고, 우리 동굴에 가서 잠시 쉬었다 가시면 어떨까요?"

"그래도 되겠습니까?"

"그럼요, 되고말고요."

폴로스는 흔쾌히 대답을 했어요.

동굴에 도착하자 폴로스는 맛있는 음식을 푸짐하게 차려 내놓았어요. 그때까지 폴로스에 대한 경계를 늦추지 않고 있던 헤라클레스는 맛있는 음식을 보자 의심하던 마음이 한순간에 사라졌어요. 헤라클레스는 허겁지겁 음식을 입에 넣었지요.

폴로스가 포도주 한 병을 들고 와 말했어요.

"나는 술의 신인 디오니소스와 의형제를 맺은 사이입니다. 오래전에 디오니소스가 나에게 이 포도주를 주면서 '헤라클레스가 오면 뚜껑을 열라.'고 했어요. 그날이 바로 오늘이군요."

"그러잖아도 이 맛있는 음식에 포도주를 한 잔 곁들이면 금상첨화일 텐데, 하고 생각했습니다."

둘은 기분 좋게 술을 나눠 마셨어요.

그때 동굴 입구가 소란스럽더니 한 무리의 켄타우로스가 들이닥쳤어요.

"캬아~, 맛있는 포도주 냄새."

특이하게도 켄타우로스 종족은 술 냄새를 잘 맡았어요.

"이런, 우리가 마실 포도주가 없잖아!"

"폴로스, 알지도 못하는 인간과 다 마신 거야?"

"이 인간이 뭔데 술을 나눠 마신 거야?"

켄타우로스들은 발을 구르고 소리를 지르며 폴로스에게 화를 냈어요.

보다 못한 헤라클레스가 나서서 한마디 했어요.

"이보게들, 이 나그네에게 친절을 베푼 폴로스를 너무 나무라지 말게나."

"뭐라고? 네가 뭔데 우리에게 이래라저래라야!"

"아주 건방져. 가만두면 안 되겠어!"

켄타우로스들은 다짜고짜 헤라클레스에게 덤벼들었어요. 헤라클레스는 얼른 활을 꺼내 켄타우로스들을 향해 쏘았어요. 몇몇이 화살을 맞고 쓰러지자 나머지 켄타우로스들은 동굴을 빠져나가 달아났어요. 헤라클레스는 그들을 뒤쫓아 갔어요.

한참을 달아나던 켄타우로스들이 한 동굴로 들

어갔어요. 헤라클레스는 켄타우로스를 뒤쫓아 가면서 연거푸 화살을 쏘아 댔어요. 켄타우로스들은 그 자리에 픽픽 쓰러졌어요. 마지막으로 동굴 깊숙이 달아나는 켄타우로스를 향해 화살을 날린 순간 동굴 안쪽에서 "악!"하는 비명 소리가 났어요.

"휴, 다 처치했군. 어디 가서 확인해 볼까?"

동굴 깊숙이 들어간 헤라클레스는 무릎에 화살을 맞고 쓰러져 있는 켄타우로스를 발견했어요.

"하하하, 꼴좋군. 앗, 그런데 다, 당신은……?"

쓰러진 켄타우로스를 확인하던 헤라클레스는 깜짝 놀라 외쳤어요.

다리에 화살을 맞은 것은 다름 아닌 케이론이었어요. 케이론은 켄타우로스 족 가운데 가장 현명한 인물이었어요. 거기다 그는 헤라클레스의 친구일 뿐만 아니라 의술의 신인 아스클레피우스의 스승이었어요.

헤라클레스의 화살촉에는 독이 묻어 있기 때문에 화살을 맞으면 누구나 그 자리에서 숨을 거두었어요. 하지만 케이론은 죽지 않고 영원히 사는 운명을 타고 났기 때문에 독화살을 맞고도 죽지는 않았어요. 대신 독으로 썩어가는 무릎의 고통을 영원히 느껴야 했어요.

"으아악! 아파, 너무 아파. 아, 내 다리!"
케이론은 비명을 지르며 울부짖었어요.
"아아, 내가 케이론을 고통에 빠뜨리다니!"
헤라클레스는 울부짖는 케이론을 안고 괴로워했어요.
"아, 차라리 죽고 싶어. 너무 아파. 아아악!"
신 중의 신 제우스가 케이론의 비명을 들었어요. 제우스는 케이론을 불쌍히 여겨 그의 영원한 생명을 거두어 주었어요. 이제 케이론은 고통에서 벗어나 평안히 잠이 들었어요. 대신 케이론의 영원한 생명은 인간에게 불을 훔쳐다 준 프로메테우스에게 형벌로 주었답니다.

케이론이 죽자 헤라클레스는 침울한 마음으로 폴로스의 동굴로 돌아왔어요.

그런데 폴로스도 죽어 있었어요.

"앗, 폴로스. 폴로스! 자네가 어째서……."

헤라클레스는 죽어 있는 폴로스를 흔들며 소리쳤어요. 하지만 폴로스의 몸은 이미 싸늘하게 식어 있었답니다.

폴로스가 죽은 이유는 바로 이랬어요. 폴로스는 죽은 켄타우로스의 몸에서 헤라클레스의 화살을 뽑아 들고 이리저리 살펴보았어요.

"신기하군. 이렇게 작은 화살촉에 켄타우로스들

이 죽다니……."

폴로스는 고개를 갸우뚱하며 화살을 살펴보았어요. 그러다 독이 남아 있는 화살촉에 다리를 긁히고 말았답니다.

"아아, 친절한 폴로스여, 그대마저 내 화살에 목숨을 잃다니!"

헤라클레스는 죽은 폴로스 옆에 꿇어앉아 울음을 터뜨렸어요.

이 모습을 지켜보던 신 중의 신 제우스는 케이론과 폴로스를 하늘로 올려 별자리로 만들었어요. 이 별자리가 바로 '켄타우로스자리(폴로스의 별자리)'와 '궁수자리(케이론의 별자리)'랍니다.

너와 나의 별자리 점!

궁수자리

(생일 양력 11월 22일~12월 21일)

염소자리와 전갈자리 사이에 있는 별자리예요. 황도 십이궁의 아홉째 별자리로, 6월 중순부터 8월 중순 사이에 볼 수 있어요.

알쏭달쏭~ 궁수자리의 성격

★ 즐겁게 삶을 즐기는 낙천주의자, 자유로운 영혼!

낙천적이고 긍정적인 성격으로 시련과 실패에도 좌절하지 않고 새로운 도전이나 모험을 즐겨요. 또한 그 어떤 구속과 속박에도 굴복하지 않는 자유로운 영혼을 가지고 있어요.

★ 이런 점은 조심!

감정에 솔직하다 보니 상처 주는 말을 서슴없이 하여 대인관계를 망가뜨릴 수 있어요. 말을 하기 전에 한 번 더 생각하는 노력이 필요해요.

믿거나말거나~ 궁수자리에 딱 맞는 직업

★ 궁수자리의 성향은?

활발하게 움직이는 분야가 잘 맞아요. 반복적인 업무는 맞지 않아요.

★ 이런 직업이 맞아요!

작가, 여행가, 종교인, 판사, 북에디터, 증권 회사원, 통역사, 광고 기획자, 스튜어디스, 대학 교수, 번역가, 철학자 등.

꽁냥꽁냥~ 궁수자리의 친구 관계

★ 남을 의식하지 않아요!
발랄한 사람을 좋아하고, 예의를 차리며 다른 사람의 눈치를 많이 보는 사람과는 친해지기 어려워요.

★ 궁수자리와 잘 맞는 친구는?
쌍둥이자리, 사자자리, 전갈자리!
쌍둥이자리와는 서로 부족한 부분을 채워 가고, 사자자리와는 티격태격하면서도 우정을 쌓아요. 전갈자리와는 쿵짝이 잘 맞아요.

★ 궁수자리와 안 맞는 친구는?
게자리, 염소자리, 물고기자리!
게자리, 염소자리와는 성격이 달라서 부딪히고, 헌신적인 물고기자리는 부담스러워 해요.

깨알 팁~ 궁수자리 유명인은?

베토벤 독일의 음악가
윈스턴 처칠 영국의 수상
마크 트웨인 미국의 소설가
마리아 칼라스 그리스의 소프라노 가수
스티븐 스필버그 미국의 영화감독
민호 대한민국의 그룹 '샤이니' 멤버

3장 가을철 별자리

염소자리 물병자리
물고기자리 양자리

가을철 밤하늘은 밝은 별이 없어 별자리를 찾기가 쉽지 않아요. 가을철 별자리 가운데 황도 십이궁에 속하는 별자리는 염소자리, 물병자리, 물고기자리, 양자리! 과연 이들 별자리에는 어떤 이야기가 숨어 있을까요?

염소자리

아르카디아 지방에 숲과 사냥과 목축을 맡아보는 신, 판이 살았어요. 판은 허리 아래는 염소 모습이고, 허리 위부터 얼굴까지는 사람 모습인데 얼굴에 염소 뿔과 수염이 나 있었어요. 성격이 밝고 명랑한 판은 산과 들을 뛰어다니길 좋아했어요.

"랄랄라, 오늘은 건너편 숲에서 놀아 볼까?"

판은 콧노래를 부르며 숲속으로 들어갔어요. 숲은 우거진 풀과 나무에서 풍기는 싱그러운 냄새로 가득했어요.

"오, 맑은 공기. 후아, 나무 냄새 좋아."

판은 코를 벌름거리며 가슴 깊이 숲의 향기를 들

이마셨어요.

"하아아…… 켁켁, 케케켁!"

갑자기 판이 사래가 들렸는지 헛기침을 해 댔어요. 그러더니 급히 나무 뒤로 몸을 숨겼어요.

"아, 아름답다. 아름다워!"

나무 뒤에서 살짝 머리를 내민 판이 한 곳을 바라보며 중얼거렸어요.

판이 바라보는 곳에는 요정 시링크스가 거닐고 있었어요. 판은 시링크스의 모습을 넋을 잃고 바라보았어요. 사실 판은 오래전부터 시링크스를 좋아하고 있었어요. 하지만 한 번도 시링크스에게 말을 걸어보지 못했답니다.

"숨어서 훔쳐보지 말고 당당히 고백을 하자."

판은 큰 기침을 한번 하고는 다리에 힘을 주고 시링크스 앞으로 걸어갔어요.

"흠흠, 저……."

갑작스런 말소리에 놀란 시링크스가 뒤를 돌아보았어요.

"어머나!"

판을 본 시링크스는 한손으로 입을 가리더니 슬금슬금 뒷걸음질을 쳤어요.

"저, 내 이름은……."

판이 주저하며 어렵게 입을 떼었어요.

그런데 판이 미처 이름을 다 말하기도 전에 시링크스가 뒤돌아 달리기 시작했어요.

"잠깐만요. 난 당신을 해치려는 게 아니에요!"

판은 시링크스의 뒤를 뒤쫓아 가며 소리쳤어요.

하지만 시링크스는 멈출 생각을 하지 않고 앞으로만 달려갔어요.

시링크스는 순결을 상징하는 처녀신인 아르테미

스를 따라다니는 요정이었어요. 그래서 경박한 신들이나, 반쪽 신들이 자신에게 접근하는 것을 좋아하지 않았어요. 그러다 보니 판이 말을 거는 순간 뒤도 돌아보지 않고 달아났던 거예요.

있는 힘을 다해 달아나던 시링크스 앞에 라돈 강이 나타났어요. 뒤에서는 판이 달려오고 있는데 강물 때문에 더 이상 달아날 수 없었어요.

"아, 이를 어쩐담?"

시링크스는 발을 동동 구르며 뒤를 돌아보다 강물을 바라보다 어찌할 바를 몰라 했어요.

"오, 나의 자매인 강의 요정들이여, 부디 나를 도와주세요. 나를 지켜 주세요!"

시링크스는 두 손을 모아 기도를 했어요.

마침내 달려온 판이 시링크스를 잡으려 손을 뻗었어요.

"헉헉, 잠깐 내 말 좀 들……."

그 순간 판 앞에 서 있던 시링크스의 모습이 갈대로 변해 버렸어요.

"앗, 이, 이게 어떻게 된 일이지?"

강의 요정들이 시링크스의 기도를 듣고 시링크스의 모습을 갈대로 바꿔 버린 거였어요.

허탈해진 판은 하염없이 눈물을 흘리며 갈대를 어루만졌어요. 바람이 불자 갈대가 흔들리며 아름다운 소리가 났어요. 마치 시링크스가 속삭이는 소리처럼 들렸어요.

"이 갈대로 피리를 만들어 볼까? 그러면 시링크스의 목소리를 듣는 것처럼 행복할 거야."

판은 갈대 줄기를 여러 개 꺾더니 그것들을 이어 붙여 피리를 만들었어요.

"어디 한번 불어 볼까?"

판은 조심스럽게 갈대 피리를 입에 대고 불어 보았어요. 뜻밖에 맑고 아름다운 소리가 났어요.

"오, 아주 맘에 들어. 이제부터 이 피리를 시링크스라고 불러야지."

판은 피리를 늘 몸에 지니고 다니면서 틈이 날 때마다 불었어요.

얼마 후 신들이 모여 나일 강가에서 큰 잔치를 벌였어요. 판은 유쾌하게 웃으며 잔치에 참석을 했어요. 그러고는 늘 가지고 다니는 시링크스를 꺼내 흥겹게 불며 춤을 추었어요.

"역시 판이 있어야 잔치 분위기가 산다니까요."

"맞아요. 판, 어서 한 곡 더 들려주세요."

신들은 박수를 치며 판에게 시링크스 연주를 부탁했어요.

"하하하! 좋아요. 한 곡 더 들려드리지요."

판이 막 새로운 곡을 연주하려는 순간이었어요. 갑자기 땅이 흔들리더니 무시무시한 괴물 티폰이 나타났어요. 거인 족 티폰은 상반신은 인간의 몸에 하반신은 똬리를 튼 거대한 뱀이었어요.

티폰은 신들의 연회장을 향해 백 개의 뱀 머리에 달린 눈과 입에서 뜨거운 불과 바람을 뿜어냈어요.

"으아악! 티폰이다!"

"어서들 피해요!!"

"다른 모습으로 변신해서 피합시다!"

"변신, 얍!"

잔치를 즐기던 신들은 저마다 동물로 몸을 바꿔 도망치기에 바빴어요.

판도 얼른 나일 강으로 뛰어들며 변신을 위한 주문을 외웠어요. 그런데 마음이 급해 주문을 잘못 외우는 바람에 상반신은 염소인데 하반신은 물고

기로 변하고 말았어요.

"이크, 주문이 꼬였군. 다시 변신을 하자."

판이 막 새로운 주문을 외우려는 순간 티폰에게 공격을 당한 제우스의 비명소리가 들렸어요.

"으으아악!"

"앗, 제우스 님이 위험하잖아! 어쩌지?"

판은 얼른 시링크스를 꺼내 연주를 했어요. 음악 소리로 티폰의 관심을 끌어 제우스를 향한 공격을 멈추게 하기 위해서였어요.

판이 연주하는 시링크스 소리는 지옥의 소리처럼 섬뜩하고 살을 에는 듯 처절했어요.

시링크스 연주를 들은 티폰은 몸부림을 치며 괴로워했어요.

"아아아, 이 소리는……. 그만, 그만!"

피리소리를 들은 티폰은 알 수 없는 두려움과 공

포에 휩싸였어요.

"제발 그만, 연주를 멈춰!"

티폰은 거대한 몸에 붙은 백 개의 머리를 마구 흔들며 괴로워하였어요.

판은 그런 티폰을 보며 더욱더 처절하게 시링크스를 연주했어요. 그러자 몸부림치며 괴로워하던 티폰이 스스로 그 자리를 떠났어요.

"제우스 님, 티폰이 갔어요! 얏호!"

판은 강물 속에서 소리를 치며 좋아했어요.

"그대의 피리 연주 덕분에 내가 무사하게 되었구나. 내 그 고마움을 오래도록 잊지 않겠다."

판의 도움으로 위험에서 벗어난 제우스는, 그에 대한 보답으로 반은 염소이고 반은 물고기인 판을 하늘에 올려 별자리로 만들었어요. 이 별자리가 바로 '염소자리'랍니다.

염소자리

(생일 양력 12월 22일~1월 20일)

남쪽 물고기자리와 독수리자리 사이에 있는 삼각형 모양의 별자리예요. 황도 십이궁의 열째 별자리로 궁수자리 가운데 있으며, 8월 말에서 10월 말까지 가장 잘 볼 수 있어요.

알쏭달쏭~ 염소자리의 성격

★ 인내와 끈기의 지도자!

책임감이 강하고 인내와 끈기로 원하는 것을 이루어내고야 마는 추진력이 있어요. 목표를 향해 차근차근 나아가며 스스로 성취감을 만끽하는 타입이에요.

★ 이런 점은 조심!

완벽주의자라 자신뿐만 아니라 남에게도 엄격해요. 그러다 보니 사람들의 원성을 살 수 있어요. 너그럽게 남을 대하는 노력이 필요해요.

믿거나말거나~ 염소자리에 딱 맞는 직업

★ 염소자리의 성향은?

오랫동안 몰입하여 성과를 내는 일이 맞아요. 따라서 짧은 시간에 해내야 하는 일, 사교성이 필요한 일은 맞지 않아요.

★ 이런 직업이 맞아요!

종교인, 카운슬러, 매니저, 비서, 심리학자, 변호사, 음악가, 과학자, 수학자, 변호사, 의사, 정치가 등.

꽁냥꽁냥~ 염소자리의 친구 관계

★ 잘 챙겨 주는 스타일!

조심성이 많아 쉽게 친구를 사귀지 못하지만, 친하게 되면 사소한 것 하나까지 챙기는 곰살궂은 사이가 돼요.

★ 염소자리와 잘 맞는 친구는?

황소자리, 처녀자리, 염소자리, 물고기자리!

황소자리와는 싸울 일이 없고, 처녀자리와는 서로 부족한 부분을 채우는 사이가 돼요. 같은 염소자리와도 잘 지내고, 물고기자리와는 따뜻한 마음을 나누는 사이가 돼요.

★ 염소자리와 안 맞는 친구는?

쌍둥이자리, 게자리, 사자자리, 사수자리!

변화무쌍한 쌍둥이자리와 집착이 강한 게자리와는 우정을 나누기 어려워요. 사자자리, 궁수자리와는 성격이 달라서 친한 사이가 되지 못해요.

깨알 팁~ 염소자리 유명인은?

- **김대중** 노벨 평화상을 수상한 대한민국의 대통령
- **아이작 뉴턴** 영국의 물리학자, 천문학자, 수학자
- **스티븐 호킹** 영국의 물리학자
- **멜 깁슨** 미국의 영화배우
- **움베르트 에코** 이탈리아의 소설가
- **마틴 루서 킹** 노벨 평화상을 수상한 미국의 인권 운동가

물병자리

"뭐, 뭐라고?"

"저, 결혼하겠다고요!"

"뭐? 겨, 겨, 결혼? 켁켁!"

"네, 그렇다니까요!"

제우스는 갑작스런 헤바의 결혼 선언에 깜짝 놀랐어요. 어찌나 놀랐던지 마시던 넥타르가 목에 걸려 사레까지 들렸어요.

"대체 누, 누구와?"

"헤라클레스요."

"으흠……!"

헤바의 대답에 제우스는 넥타르가 든 잔을 탁자

에 내려놓으며 한숨을 쉬었어요.

"네가 결혼을 하면 잔치 때 시중은 누가 들지?"

제우스는 또다시 짧게 한숨을 쉬더니 턱을 괴고 고민에 빠졌어요.

헤바는 제우스의 딸로서, 청춘의 여신이에요. 헤바는 제우스가 여러 신들을 불러 잔치를 열 때마다 제우스를 잘 도왔어요. 특히 제우스를 대신해서 영원한 생명을 주는 음료수인 넥타르를 손님들에게 따라 주는 일을 했어요. 그런데 헤바가 시집을 가겠다고 하니 당장 그 일을 누가 해야 할지 난감했어요.

한참 동안 생각에 빠져 있던 제우스가 자리에서 벌떡 일어나며 말했어요.

"헤바를 대신할 누군가를 찾아보자!"

제우스는 독수리로 변신을 하고 궁전을 나섰어

요. 하지만 한참을 여기저기 찾아봐도 헤바를 대신할 누군가는 쉽게 눈에 띄지 않았어요.

"여기도 허탕이군. 휴, 지친다, 지쳐. 마지막으로 트로이로 가 보자."

제우스는 훨훨 날아 트로이의 이다 산에 도착했어요. 그때 한 소년이 눈에 띄었어요.

"오, 저 아이다, 바로 저 아이야!"

제우스가 한눈에 반한 소년은 가니메데스였어요. 가니메데스는 트로이의 왕 라오메돈의 아들로, 누구도 따라올 수 없는 아름다움을 지니고 있었어요.

"벌써 해가 지네? 슬슬 집으로 돌아갈까?"

이다 산에서 양을 돌보고 있던 가니메데스는 양 떼를 마을 쪽으로 몰았어요.

"이크, 집으로 돌아가는구나. 지금이 기회야!"

제우스는 주저 없이 가니메데스를 향해 쏜살같

이 날아갔어요. 그러곤 힘차게 두 발로 가니메데스를 낚아채 하늘 위로 솟구쳐 올랐어요.

"어, 어, 어! 으아악! 사람 살려!"

독수리 발에 채인 가니메데스는 손발을 허우적거리며 비명을 질렀어요. 하지만 독수리로 변신한 제우스는 아랑곳하지 않았어요.

한편 가니메데스의 비명 소리를 들은 마을 사람들이 수군거렸어요.

"좀 전에 가니메데스 목소리 아니에요?"

"글쎄, 난 잘 모르겠는걸?"

"아, 맞다니까요!"

"집으로 돌아올 시간이긴 한데……."

몇몇 마을 사람들이 집 밖으로 나와 비명소리가 나는 하늘을 올려다보았어요. 사람들 중에는 가니메데스의 아버지인 라오메돈과 어머니도 있었어요.

"가니메데스! 아이고 우리 아들!"

"우리 아들을 내 놔!"

라오메돈은 발을 동동 구르며 소리를 질렀어요.

급한 마음에 돌멩이를 집어 독수리를 향해 던지는 마을 사람도 있었어요. 하지만 돌멩이는 독수리 근처까지 가지도 못하고 땅으로 떨어졌어요.

"아, 왜 나에게 이런 일이 일어난단 말인가!"

"신이시여, 내 아들을 구해 주소서. 흑흑"

갑자기 아들을 잃어버린 가니메데스의 부모는 그 자리에 털썩 주저앉아 목 놓아 울었어요.

가니메데스를 납치해 간 제우스는 가니메데스의 가족에게 미안한 마음이 들었어요.

"슬퍼하는 저들을 못 본 척할 수가 없구나."

제우스는 전령의 신 헤르메스를 불렀어요.

"신 중의 신 제우스여, 무슨 말을 전해 드릴까

요?"

헤르메스가 제우스 앞에 나타나 물었어요.

"지금 당장 트로이로 가서 가니메데스 부모에게 내 말을 전하고 오시오."

"알겠습니다."

헤르메스는 쉬지 않고 트로이로 달려가 라오메돈 왕 앞에 나타났어요.

"누구시오?"

가니메데스의 아버지가 물었어요.

"나는 전령의 신 헤르메스요. 신 중의 신 제우스가 전하는 말을 가지고 왔소."

"제우스 님이 제게 무슨 말을……."

라오메돈이 어리둥절한 얼굴로 물었어요.

아들을 잃은 슬픔으로 라오메돈의 두 눈은 퀭하게 꺼지고 양볼은 훌쭉하게 야위어 있었어요.

"가니메데스를 데려간 것은 제우스 님이오. 지금 가니메데스는 제우스 님과 함께 지내고 있소."

"뭐라고요? 가니메데스가 제우스 님과 함께 있다고요?"

놀란 라오메돈이 자리에서 벌떡 일어나며 물었어요.

"제우스 님의 따님 헤바가 결혼을 하게 되었소. 가니메데스는 제우스 님이 여는 신들의 잔치 때 헤바를 대신하여 넥타르를 따르는 일을 할 것이오."

전령의 신 헤르메스는 제우스가 전하는 말을 빠짐없이 전했어요. 그러자 라오메돈이 고개를 끄덕이며 말했어요.

"오, 그렇군요. 아들의 소식을 들어 무척 반갑습니다. 하지만 아들을 볼 수 없다는 슬픔은 줄어들지 않는군요."

라오메돈은 영원히 사랑하는 아들을 볼 수 없다는 사실에 눈물을 흘렸어요.

그 모습을 보고 있던 헤르메스가 라오메돈의 어깨에 손을 올려 다독이며 말했어요.

"그만 우시오. 자, 이것은 제우스님이 보내는 위로의 선물이오."

헤르메스는 라오메돈에게 제우스가 보낸 바람처럼 빨리 달리는 말을 주었어요.

"가니메데스는 제우스 님에게서 영원한 젊음과 생명을 얻었소. 그러니 너무 슬퍼하지도 그리워하지도 마시오. 자, 이제 난 임무를 마쳤으니 그만 가 보겠소."

"헤르메스 님, 제 아들 가니메데스에게 아버지가 아주 많이 사랑한다고 전해 주세요."

"알겠소. 꼭 전해 주겠소."

전령의 신 헤르메스가 떠난 후 라오메돈은 오랫동안 신들의 궁전이 있는 올림포스 산 쪽을 바라보았어요.

'내 아들 가니메데스, 제우스 님 곁에서 부디 행복하거라…….'

그 후 제우스의 총애를 받은 가니메데스는 밤하늘의 별자리가 되었답니다. 바로 '물병자리'예요. 물병자리는 가니메데스가 넥타르가 가득 든 물병을 거꾸로 받쳐 들고 있는 모양이랍니다.

너와 나의 별자리 점!

물병자리

(생일 양력 1월 21일~2월 19일)

염소자리와 물고기자리 사이에 있는 별자리예요. 황도 십이궁의 열한 번째 별자리로 가니메데스가 물병에서 넥타르를 따르는 모양을 하고 있어요. 9월부터 11월 사이에 가장 잘 볼 수 있어요.

알쏭달쏭~ 물병자리의 성격

★ 침착하고 신중하며 문제 해결도 척척!

무슨 일이든 심사숙고하여 결정하기 때문에 충동적인 실수를 하지 않아요. 말솜씨가 좋고, 머리 회전도 빨라요. 어려운 문제도 척척 해결하지만 마음속으로는 외로움을 많이 타지요.

★ 이런 점은 조심!

독립심이 지나치다 보면, 집단 속 외톨이가 될 수도 있어요. 사람들의 이야기에 귀를 기울이고 마음을 여는 노력이 필요해요.

믿거나말거나~ 물병자리에 딱 맞는 직업

★ 물병자리의 성향은?

말을 잘하고 머리가 좋아서 자유롭고 창조적인 직업을 가지면 자신의 능력을 맘껏 발휘할 수 있어요

★ 이런 직업이 맞아요!

무대 연출가, 디자이너, TV나 라디오 구성 작가, 기획 개발자, 프로그래머, 사진가, 스튜어디스, 세일즈를 비롯한 서비스업 등.

꽁냥꽁냥~ 물병자리의 친구 관계

★ 서두르지 않고 신중하게!

시간을 두고 천천히 친해져요. 말이 잘 통하고 즐거움을 나눌 수 있는 사람을 좋아하지만, 자신에게 집착하거나 간섭하는 사람은 질색한답니다.

★ 물병자리와 잘 맞는 친구는?

쌍둥이자리, 천칭자리, 물병자리!

융통성이 있는 쌍둥이자리는 서로 즐겁게 지낼 수 있고, 균형 감각이 뛰어난 천칭자리와는 평온한 우정을 유지할 수 있어요. 같은 물병자리와는 마음을 터놓고 서서히 친해져요.

★ 물병자리와 안 맞는 친구는?

황소자리, 사자자리, 전갈자리!

황소자리는 고집이 세서 물병자리를 이해하기 어렵고, 지기 싫어하는 사자자리와는 사사건건 다투기 쉬워요. 전갈자리와는 통하는 부분이 없어서 친구가 되기 어려워요.

깨알 팁~ 물병자리 유명인은?

- **갈릴레이** 이탈리아의 물리학자, 천문학자, 철학자
- **링컨** 미국 제16대 대통령
- **찰스 다윈** 영국의 생물학자
- **오프라 윈프리** 미국의 방송인
- **모차르트** 오스트리아의 음악가
- **김국진** 대한민국의 MC, 코미디언

물고기자리

　어느 날, 전령의 신 헤르메스가 바쁘게 움직였어요. 올림포스의 열두 신들에게 제우스의 말을 전하기 위해서였어요.

　"제우스님이 며칠 뒤 잔치를 여신답니다. 장소는 나일 강입니다."

　"아, 그래요? 꼭 가도록 하지요."

　"이번 잔치에는 요정들도 참석한답니다."

　"오, 그거 아주 반가운 소리군요. 모처럼 흥겨운 잔치가 되겠군요."

　제우스의 잔치 소식을 들은 열두 신들은 하나같이 반가워했어요.

드디어 잔칫날이 되자 나일 강변은 신들과 요정들의 웃음소리로 들썩였어요.

"부드러운 햇볕과 시원한 바람! 잔치를 벌이기에 더할 나위 없이 좋은 날이에요."

"네, 맞아요. 하하하!"

그때 가니메데스가 넥타르가 든 병을 들고 와 신들의 잔에 따랐어요.

"오호, 헤바 대신 제우스 님의 잔치 시중을 들게 된 가니메데스군. 소문대로 아주 잘생겼어."

"제우스 님이 한눈에 반할 만하군그래!"

가니메데스가 잔에 따라 주는 넥타르를 받으며 신들이 한마디씩 했어요.

"제우스 님의 딸 헤바는 헤라클레스와 결혼을 한다지요?"

"그렇답니다. 하하하!"

"아주 멋진 한 쌍이네요."

신들은 넥타르를 마시며 이런저런 얘기를 나누었어요.

사랑과 미의 여신인 아프로디테는 아들인 에로스와 함께 잔치에 참석했어요. 등에 날개가 달린 에로스는 언제나 활과 화살을 메고 날아다녔어요. 누구든 에로스가 쏜 금 화살을 맞으면 사랑에 빠지고, 납 화살을 맞으면 증오를 하게 되었어요.

"에로스, 이 과일 좀 먹어 보렴. 맛이 좋구나."

아프로디테는 장난꾸러기 아들 에로스에게 잘 익은 과일을 건네며 말했어요.

"네, 어머니."

에로스는 엄마 아프로디테가 건네주는 과일을 맛있게 먹었어요.

"이렇게 흥겨운 자리에 음악이 없어서야 안 되지

요. 제가 한 곡 연주하겠습니다."

"오, 판의 연주가 빠지면 안 되지요. 하하하!"

반은 염소 모습이고, 반은 사람 모습인 판이 갈대로 만든 피리인 시링크스를 꺼내 멋들어지게 불었어요. 신들과 요정들은 판의 연주에 맞추어 신나게 춤을 추었어요.

"하하하, 판의 연주는 언제 들어도 훌륭해!"

"시링크스가 내는 소리는 언제 들어도 좋아요."

판의 연주가 끝날 때마다 신들은 박수를 치며 칭찬을 했어요.

잠시 쉬었던 판이 또다시 연주를 하려고 시링크스를 입에 대는 순간이었어요. 갑자기 땅이 흔들흔들하더니 거센 바람과 함께 흙먼지가 일었어요.

"앗, 이게 무슨 일이지?"

"흥겨운 잔치를 망치는 자가 누구야?"

신들은 저마다 불평을 한마디씩 내뱉었어요.

그 순간 신들 앞에 놓여 있던 음식이 바람에 날아가고 신들은 흙바람에 앞을 보지 못해 허둥댔어요.

"크아아아아! 크러렁!"

"앗, 이 소리는……."

"티, 티폰! 악, 티폰이 나타났다!"

티폰은 거인인 티탄 족으로 제우스에게 좋지 않은 감정을 가지고 있었어요. 제우스가 티탄 족을 물리치고 신들의 세계를 다스리게 되었기 때문이었어요.

거인의 몸에 뱀의 머리를 백 개나 달고 있는 티폰은 무서운 목소리로 외쳤어요.

"크아아아, 우리 티탄 족의 원수인 제우스를 없애 버리겠다! 각오해!"

티폰은 눈과 입에서 뜨거운 불을 내뿜으며 울부짖었어요. 그 소리에 하늘과 땅도 두려운지 부르르 크게 떨었어요.

"으아악! 어머낫!"

갑자기 당한 공격에 잔치를 즐기던 신과 요정들은 정신을 차릴 수가 없었어요.

티폰은 연신 눈에서 불꽃을 쏟아내고, 입으로는 뜨거운 불을 내뿜었어요. 입김을 '후!' 불 때마다 태풍 같은 거센 바람이 일었어요.

제우스가 다급하게 신들을 향해 외쳤어요.

"모두들 도망가시오! 그대들이 당할 수 없는 괴물이오!"

신과 요정들은 앞 다투어 도망을 가느라 넘어지고 구르고 야단이었어요.

"어서 동물로 변신해서 몸을 숨겨요!"

또다시 제우스가 다급한 목소리로 외쳤어요.

신들은 저마다 소리를 지르며 급히 주문을 외웠어요.

"변신!"

"변신!"

아프로디테도 아들 에로스와 함께 몸을 피하려고 했지만 잘되지 않았어요.

"에로스, 너와 떨어져 나 혼자 갈 수는 없어. 아, 어떻게 해야 할까?"

아프로디테는 마음이 급했지만 정신을 가다듬고 생각을 했어요.

'아, 그래 이렇게 하면 되겠다.'

아프로디테는 허리끈을 풀어 자신의 발과 에로스의 발을 함께 꽁꽁 묶었어요. 그러고는 나일 강으로 뛰어들며 주문을 외웠어요.

"물고기로 변신, 얍!"

"얏호, 성공이다!"

끈으로 서로 연결된 아프로디테와 에로스는 똑같이 물고기로 변신했어요. 아프로디테와 에로스는 유유히 강을 헤엄쳐 티폰을 피해 달아났답니다.

한편 티폰을 물리치고 난 제우스는 올림포스 궁전으로 돌아와 휴식을 취하며 그날 있었던 일을 돌이켜보았어요. 그중 위급한 상황에서도 아들 에로스를 데리고 도망을 간 아프로디테에게 깊은 감동을 받았어요.

제우스는 아프로디테를 불러 말했어요.

"아프로디테, 그대의 아들 사랑이 무척 아름답구려. 내 그대에게 감동하여 끈으로 묶인 두 마리의 물고기 모양을 별자리로 만들어 주겠소."

그리하여 탄생한 것이 바로 '물고기자리'랍니다.

너와 나의 별자리 점!

물고기자리

(생일 양력 2월 19일~3월 20일)

페가수스자리와 고래자리 사이에 있는 별자리. 황도 십이궁의 열두째 별자리로 두 마리의 물고기가 끈으로 묶여 있는 모양을 하고 있어요. 8월 말에서 10월 사이에 남쪽 밤하늘에서 볼 수 있지만 밝은 별이 아니어서 잘 보이지는 않아요.

알쏭달쏭~ 물고기자리의 성격

★ 눈물 많고 정 많은 착한 사람!

어려운 사람들을 헌신적으로 도와주는 성격이에요. 수줍음이 많아서 앞에 나서기보다는 뒤에서 희생하는 편이에요. 속이 깊고 포용력이 있으며 배려심이 많아요.

★ 이런 점은 조심!

마음이 약해 남에게 싫은 소리를 못하다 보니 우유부단한 사람으로 보일 수 있어요. 아니다 싶을 때는 분명히 거절하는 노력이 필요해요.

믿거나말거나~ 물고기자리에 딱 맞는 직업

★ 물고기자리의 성향은?

예술적 영감을 살리는 직업이 어울려요. 혼자 사색에 잠기거나 다른 사람을 위해 베푸는 일도 좋아요.

★ 이런 직업이 맞아요!

철학자, 시인, 미술가, 작곡가, 디자이너, 미용사, 간호사, 카운슬러 등.

꽁냥꽁냥~ 물고기자리의 친구 관계

★ 진중한 친구가 좋아!

애교가 많고 상대에게 의존하는 편이라 믿음직한 친구에게 호감을 보여요. 말이 많고 가벼워 보이는 친구와는 친해지지 않아요.

★ 물고기자리와 잘 맞는 친구는?

게자리, 전갈자리, 물고기자리, 황소자리, 염소자리!
섬세한 게자리와는 조심스럽게 다가가 서로 마음이 통하는 순간 친해져요. 신중한 전갈자리와도 우정을 쌓고, 같은 물고기자리와는 서로 이해하며 친구가 돼요. 독점욕이 강한 황소자리와 친절한 염소자리와도 우정을 나눌 수 있어요.

★ 물고기자리와 안 맞는 친구는?

양자리, 사자자리, 쌍둥이자리, 천칭자리!
개성 강한 양자리와 사자자리, 인간관계에 쿨한 쌍둥이자리와 천칭자리와는 잘 맞지 않아요.

깨알 팁~ 물고기자리 유명인은?

- **미켈란젤로** 이탈리아의 천재 예술가
- **몬드리안** 네덜란드의 화가
- **다코타 패닝** 미국의 영화배우
- **김윤아** 대한민국의 그룹 '자우림'의 보컬
- **알렉산더 그레이엄 벨** 영국의 과학자, 발명가
- **이정재** 대한민국의 영화배우

양자리

"애들아, 인사하렴. 새엄마란다."

"아, 안녕하세요? 저는 프릭소스입니다."

"오, 그래. 그런데 너는 왜 인사가 없지?"

"저, 저는…… 헬레……예요."

테베의 왕 아타마스는 새 왕비 이노를 맞이했어요. 이노는 전 왕비의 자식인 프릭소스와 헬레를 무척 싫어했어요.

"어휴, 꼴 보기 싫어. 저 둘만 없으면 신경 쓸 일이 하나도 없을 텐데……."

더구나 자신의 아이를 둘이나 낳고부터는 프릭소스와 헬레를 아예 돌보지도 않았어요.

'저 애들이 없어야 내 아이들이 왕의 사랑을 독차지할 텐데…….'

새 왕비는 점점 더 표독스럽게 프릭소스와 헬레를 괴롭히더니 급기야 무서운 생각까지 하였어요.

'저 애들을 내 눈에 띄지 않게 하려면…….'

무슨 생각을 했는지 새 왕비는 눈썹을 찡그리며 아랫입술을 꽉 깨물었어요.

어느덧 가을이 되어 보리를 파종할 때가 되었어요. 새 왕비는 은밀히 보리농사를 짓는 여인들을 왕궁으로 불러들였어요.

"너희들, 오늘 여기서 있었던 일은 누구에게도 말해선 안 된다. 알겠느냐?"

새 왕비는 다짜고짜 마을 여인들에게 물었어요.

"왕비님, 무슨 일인데 그러세요?"

"묻지 말고 대답하라!"

"예, 말하지 않겠습니다."

"약속을 지키지 않은 사람은 목숨이 붙어 있지 못할 것이다!"

여인들은 영문도 모르면서 새 왕비의 날카로운 말에 몸이 얼어붙는 것 같았어요.

"너희들은 집에 돌아가서 밭에 뿌릴 보리를 모두 솥에 넣고 푹푹 삶아라."

"네? 밭에 뿌릴 보리를 삶으라고요?"

"그렇게 하면 밭에 뿌릴 수 없는데요?"

너무도 엉뚱한 새 왕비의 말에 마을 여인들은 저마다 한마디씩 했어요.

그러자 새 왕비가 날카로운 목소리로 말했어요.

"시끄럽다. 시키는 대로 하지 않는 사람은 살아남지 못할 줄 알아라!"

"아, 아…… 알겠습니다. 분부대로 하겠습니다."

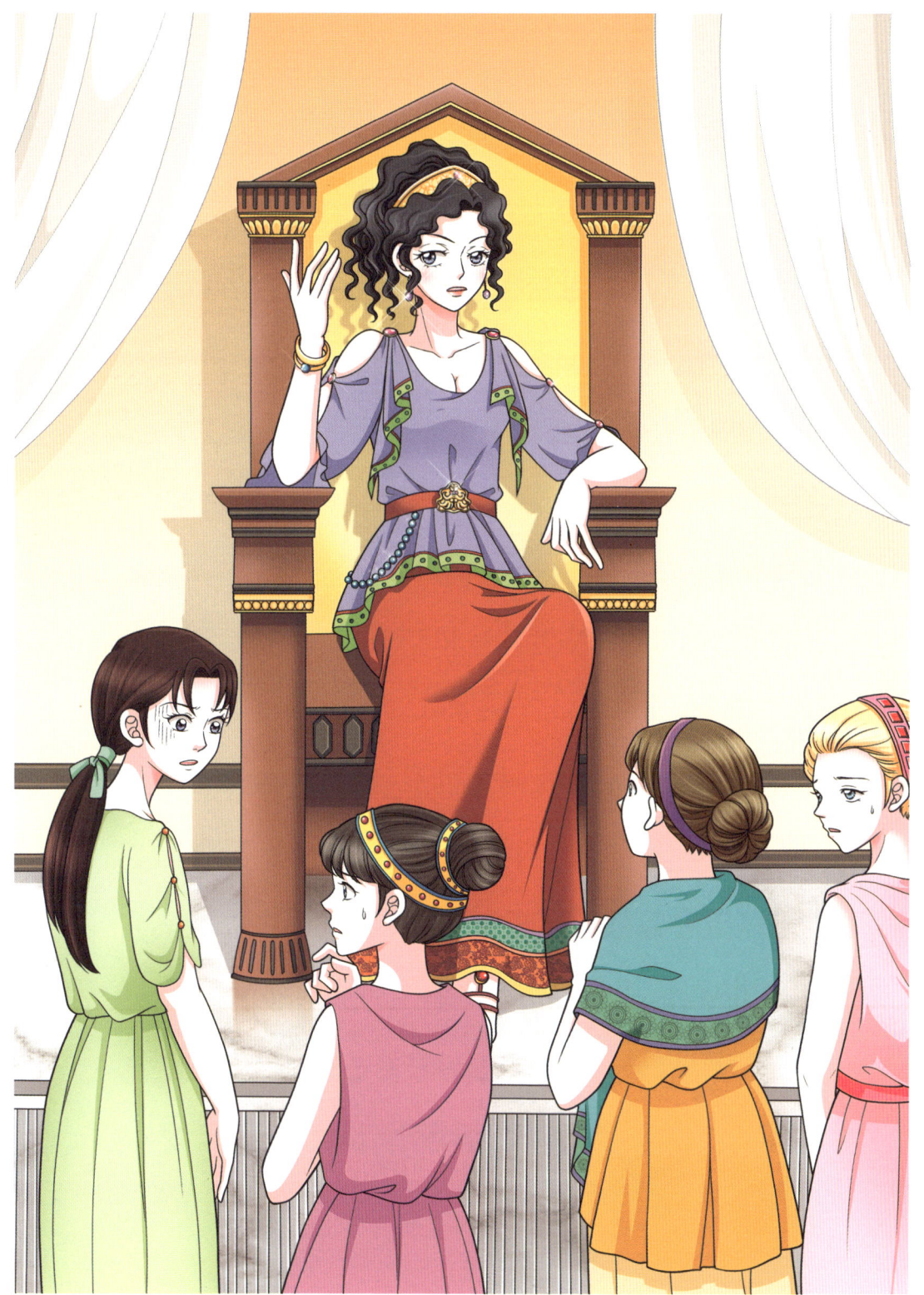

무시무시한 새 왕비의 말에 여인들은 얼른 고개를 숙이며 대답했어요.

"삶은 보리는 남자들이 보지 못하게 잘 말려서 두도록 해라."

"네, 왕비 마마."

여인들은 궁궐을 나서며 작은 목소리로 속삭였어요.

"왕비 마마가 이상해. 보리를 삶아 말리라니……."

"정신이 이상해진 거 아닐까?"

"에휴, 하라는 대로 합시다. 안 그랬다간 목숨을 잃을 수 있어요."

여인들은 소곤거리며 집으로 돌아갔어요.

얼마 후 보리농사를 짓는 남자들은 아침 일찍 밭에 보리 씨앗을 뿌렸어요. 모두들 보리가 싹을 잘

틔워 보리농사가 풍년이 되기를 바라는 마음이었지요.

그런데 한 달이 지나고 두 달이 지나도록 보리밭은 흙먼지만 풀풀 날렸어요.

"어찌된 일일까? 보리싹이 나지를 않아!"

"온 나라의 보리밭이 다 그렇다고 하더이다."

여인들은 그 이유를 알고 있었지만 입 밖으로 말을 할 수 없었어요. 그랬다가는 왕비에게 죽임을 당할 게 뻔했으니까요.

"대체 무슨 이유일까? 한두 집도 아니고 온 나라의 보리밭이 싹을 틔우지 않으니……."

아타마스 왕은 근심어린 얼굴로 탄식을 했어요.

그때 왕비가 말했어요.

"왕이시여, 델포이 신전에 전령을 보내 신께 여쭤 보는 게 어떻겠습니까?"

"오, 그거 좋은 생각이구려. 내가 왜 그 생각을 못했을까?"

아타마스 왕은 무릎을 탁, 치며 급히 전령을 불러 말했어요.

"지금 곧 델포이 신전으로 달려가 제사장에게, 왜 보리 싹이 나지 않는지 신께 여쭈라고 전하라."

"네, 알겠습니다."

전령은 빠르게 왕궁을 나와 델포이 신전을 향해 달려갔어요. 하지만 전령은 이미 새 왕비의 꾐에 빠져 있었어요. 그래서 신전으로 가는 척하다 뒤돌아왔어요. 그리고는 아타마스 왕에게 거짓 신탁을 전했답니다.

"신 중의 신 제우스 님께서 말씀하시기를, 보리가 싹을 틔우지 않는 것은 프릭소스 왕자 때문이랍니다. 왕자를 제물로 바치면 내년부터는 보리가 풍

년일 거랍니다. 하지만 왕자를 바치지 않으면 영원히 보리농사는 흉년일 거라고 하셨습니다."

전령은 태연하게 거짓 신탁을 전했어요.

신탁을 들은 아타마스 왕은 깜짝 놀랐어요.

"진정 그렇게 신탁이 내려왔단 말이냐?"

"그, 그렇습니다."

"말도 안 되는 소리다! 나를 이어 이 나라를 책임질 왕자를 제물로 바치라니! 그건 절대 있을 수 없는 일이다!"

아타마스 왕은 화가 난 목소리로 외쳤어요.

그러자 신하들이 저마다 한마디씩 했어요.

"왕이시여, 왕자의 목숨은 하나이지만 백성의 목숨은 수천, 수만이옵니다!"

"그렇다 해도 어찌 자식을 제물로 바친단 말이냐?"

아타마스 왕은 고개를 저으며 단호히 거절을 하였어요. 하지만 신하들도 물러서지 않고 신의 뜻에 따르라고 아우성을 쳤어요.

백성들이 굶주려 죽느냐, 아들을 살리느냐 고민하던 아타마스 왕은 왕자를 제물로 바칠 결심을 하였어요. 심장이 갈가리 찢어지는 고통이었지만, 한 나라의 왕으로서 백성들의 목숨도 가벼이 할 수 없었으니까요.

"프릭소스, 이 나라 백성들을 살리기 위해 너를 보내는 이 아비를 용서하거라. 흑흑!"

"아바마마, 무서워요. 흑흑!"

프릭소스 왕자는 아버지인 아타마스 왕의 품에 안겨 하염없이 눈물을 흘렸어요.

그때였어요. 갑자기 하늘에 황금양이 나타나더니 프릭소스 왕자를 향해 날아왔어요. 그리고 양이 왕자의 앞에까지 날아 내려오자 프릭소스는 옆에 있던 동생 헬레의 손을 잡고 얼른 양의 등에 올라 탔어요. 그러자 양은 다시 하늘 위로 슈우웅 날아 올랐어요.

알고 보니 황금 양은 두 아이의 친엄마인 네펠레가 프릭소스 왕자를 구하려고 보낸 것이었어요.

프릭소스와 헬레를 태운 황금양은 동쪽으로 날아갔어요. 황금양이 막 유럽과 아시아의 경계쯤을 날고 있을 때였어요. 헬레가 고개를 아래로 숙이며 말했어요.

"와, 진짜 높이 난다. 오빠, 저기 바다 좀 봐."

헬레는 하늘 아래 펼쳐진 푸른 바다를 보고 신이 나 외쳤어요.

"헬레, 조심해. 가만히 좀 있어……. 앗, 헬레!"

프릭소스가 헬레에게 주의를 주는 순간, 아래를

내려다보던 헬레가 그만 바다로 뚝 떨어졌어요.

"앗, 오빠!"

"헬레! 헬레!"

플릭소스는 동생의 이름만 목 놓아 부를 뿐 어떻게 할 수가 없었어요.

프릭소스를 태운 황금양은 흑해의 동쪽에 있는 콜키스라는 나라에 도착했어요.

훗날 프릭소스는 콜키스 왕의 딸과 결혼을 하여 행복하게 살았답니다.

신 중의 신 제우스는 프릭소스를 살린 황금양의 공로를 치하하여 황금양을 하늘의 별자리로 만들었어요. 이 별자리가 바로 '양자리'랍니다.

너와 나의 별자리 점!

양자리

(생일 양력 3월 21일~4월 20일)

물고기자리와 황소자리 사이에 있는 별자리예요. 황도 십이궁의 첫 번째 별자리로, 가을에서 겨울로 계절이 바뀔 때 모습을 드러내요. 하지만 아주 작은 별자리라서 쉽게 찾을 수 없어요.

알쏭달쏭~ 양자리의 성격

★ 적극적인 행동파!

적극적이고 열정적이며, 사교성이 좋아요. 어떤 모임에서든 분위기도 잘 띄우지요. 승부욕이 강해 지는 것을 싫어하기 때문에 무엇이든 1등을 해야 직성이 풀린답니다.

★ 이런 점은 조심!

너무나 적극적이어서 행동이 느린 것을 못 참아요. 느긋하고 차분하게 기다릴 줄 아는 여유가 필요해요.

믿거나말거나~ 양자리에 딱 맞는 직업

★ 양자리의 성향은?

가만히 앉아서 일하는 직업은 맞지 않아요. 활발하게 움직이거나 변화에 민감한 직업이 좋아요!

★ 이런 직업이 맞아요!

정치가, 공연 기획자, 신문 기자, 여행가, 운동선수, 연예인, 영업자, 자산 설계사, 펀드 매니저 등.

꽁냥꽁냥~ 양자리의 친구 관계

★ **좋으면 적극적으로 다가가요!**
솔직한 성격이라 좋으면 먼저 다가가 친구가 되자고 얘기해요. 지나치게 보수적이거나 냉정한 사람하고는 친구가 되기 힘들어요.

★ **양자리와 잘 맞는 친구는?**
사자자리, 게자리, 양자리, 궁수자리, 물병자리!
사자자리와는 단짝 친구가 될 수 있고, 게자리와는 서로 부족한 점을 채우는 친구가 돼요. 양자리와 궁수자리, 물병자리와는 마음이 잘 통해서 금방 친구가 돼요.

★ **양자리와 안 맞는 친구는?**
황소자리, 쌍둥이자리, 처녀자리, 전갈자리, 물고기자리!
소극적인 물고기자리와 논리적인 전갈자리에게는 답답함을 느껴요. 쌍둥이자리와 황소자리, 처녀자리와는 마음이 잘 통하지 않아요.

깨알 팁~ 양자리 유명인은?

- **성시경** 대한민국의 가수
- **안데르센** 덴마크의 동화 작가
- **레오나르도 다 빈치** 이탈리아의 천재적인 예술가
- **엘튼 존** 영국의 가수
- **로버트 다우니 주니어** 미국의 영화배우
- **노홍철** 대한민국의 MC

4장
겨울철 별자리

황소자리 쌍둥이자리 게자리

겨울철은 그 어느 계절보다도 별을 만나기 좋은 계절이에요. 밤하늘이 맑고 별도 많이 떠 있지만 빛이 밝은 별들이 많거든요. 이 가운데 황도 십이궁에 속하는 **황소자리, 쌍둥이자리, 게자리**에 얽힌 신비한 이야기를 들어볼까요?

황소자리

"오, 아름답다, 아름다워!"

어느 날, 인간 세상을 내려다보던 제우스는 한 여인을 보고 감탄을 하였어요.

"저토록 아름다운 여인은 내 지금까지 본 적이 없어."

제우스는 눈을 동그랗게 뜨고 땅 위의 여인을 바라보았어요.

그 여인은 페니키아의 공주 에우로파였어요. 제우스는 한눈에 반한 에우로파를 직접 만나고 싶었어요. 하지만 질투가 심한 헤라가 알면 큰일 날 일이었어요.

'헤라의 눈을 피해서 다녀와야 하는데…….'

제우스는 곰곰 생각하다 무릎을 탁 쳤어요.

"좋아, 그렇게 하면 되겠다! 하하하."

제우스는 신 중의 신이었지만, 한 가지 나쁜 점이 있었어요. 바로 바람기였어요. 헤라와 결혼을 한 유부남이면서도 아름다운 여인들과 종종 바람을 피웠어요. 헤라는 바람둥이 남편 제우스 때문에 신경이 날카로웠어요.

제우스는 헤라 몰래 에우로파를 만나기 위해 하얀 소로 변신을 했어요. 크고 늠름한 몸에 머리에는 두 개의 뿔이 있고, 깊고 그윽한 눈을 가진 수소의 모습이었어요.

'음, 헤라가 절대 알아보지 못하겠지? 흐흐흐.'

수소로 변신한 제우스는 마음속으로 음흉한 미소를 지었어요.

제우스는 번개처럼 빠르게 에우로파 공주가 있는 페니키아 해변에 다다랐어요. 그리고는 의젓한 모습으로 에우로파 공주에게 걸어갔어요.

"어머나, 이곳에 웬 소가 있을까?"

에우로파 공주는 갑자기 나타난 하얀 소를 보고 놀라 말했어요.

'목소리도 어여쁘군.'

소로 변신한 제우스는 파리를 쫓듯 꼬리를 좌우로 흔들며 에우로파를 바라보았어요.

"하얀 소야, 참 멋지게 생겼구나."

에우로파 공주는 하얀 소가 마음에 드는지 손바닥으로 등을 한번 쓸었어요. 소가 별다른 몸짓 없이 얌전히 있자 이번에는 얼굴을 어루만지며 말했어요.

"참 얌전하기도 하네. 호호호!"

에우로파 공주의 말에 기분이 좋아진 하얀 소는 공주의 손등에 얼굴을 부볐어요.

"호호호, 아이 착해라."

에우로파 공주는 까르륵 웃으며 하얀 소의 목을 토닥였어요.

하얀 소와 에우로파 공주는 한참을 어린아이처럼 놀았어요. 에우로파 공주가 풀줄기로 하얀 소의 콧등을 간질이면 소는 "푸르르르~" 소리를 내며 머리를 내저었어요. 그럴 때면 공주는 손뼉을 치며 "호호호!" 소리 높여 웃어 댔어요. 어느새 하얀 소와 에우로파 공주는 오래된 친구처럼 죽이 잘 맞았어요.

'으흠, 이쯤에서 에우로파 공주를 등에 좀 태워 볼까?'

하얀 소로 변신한 제우스는 무슨 꿍꿍이가 있는지 슬쩍 등을 공주 앞으로 디밀었어요.

"으응? 등에 타라고?"

에우로파 공주가 고개를 갸웃하며 하얀 소에게 물었어요. 소는 고개를 크게 끄덕이며 '음매~' 하고 울었어요.

"호호호, 좋아. 한번 타볼까?"

에우로파 공주는 훌쩍 소의 등에 올라탔어요. 그러자 하얀 소는 바다를 향해 달리기 시작했어요.

"어, 어? 어디를 가는 거야? 으악~!"

소가 어찌나 빨리 달리는지 소의 등에서 떨어지기라도 하면 목숨을 잃을 것만 같았어요. 에우로파 공주는 소의 등에 납작 엎드려 있는 힘을 다해 꽉 붙어 있었어요.

"제발, 멈춰, 멈추라고!"

에우로파 공주는 얼굴이 하얗게 질려 소리를 질렀어요. 하지만 소는 들은 척도 하지 않고 달렸어

요. 마침내 바다에 이르자 주저 없이 바다로 뛰어들어 헤엄을 쳐 앞으로 나아갔어요.

"왜 이러는 거야? 흑흑. 제발 나를 돌려보내줘!"

에우리파 공주는 울면서 애원을 했지만, 하얀 소는 바다를 건너는 데만 정신을 쏟았어요.

얼마 후 에우리파 공주를 등에 업은 하얀 소는 크레타 섬에 도착했어요. 하얀 소는 '음매~!' 하고 울더니 에우리파 공주를 땅에 내려놓았어요. 공주는 여전히 눈물을 흘리며 겁에 질려 있었어요.

그때 하얀 소가 제우스로 변신을 하였어요.

"앗, 당, 당신은……."

"나는 신 중의 신 제우스요. 당신의 아름다움에 반해 잠시 소로 변신했던 거였소."

"네? 그게 무슨 말씀이신지……."

에우리파 공주가 큰 눈을 깜박이며 어리둥절한

얼굴로 물었어요.

"사실은 아내인 헤라의 눈을 피해 몰래 당신을 만나기 위해서요. 헤라가 알면 야단이 날 게 뻔해서……."

"야단이 나다니, 어째서요?"

에우리파 공주는 제우스가 하는 말을 이해할 수 없었어요.

"난 아름다운 당신을 본 순간 첫눈에 반했소. 그러니 내 사랑을 받아 주시오."

제우스는 에우리파 공주의 손을 잡고 사랑을 고백했어요.

"제우스 님, 그건 옳지 않은 일이에요. 제우스 님은 결혼을 하여 아내가 있는 분입니다. 그런 분이 어찌하여 다른 여인에게 사랑을 고백할 수 있단 말입니까? 저는 제우스 님의 고백을 받아들일 수 없어요!"

에우리파 공주는 제우스가 잡은 손을 뿌리치며 뒤돌아섰어요.

하지만 제우스는 포기하지 않았어요. 끈질기게 사랑을 고백하고 에우리파를 설득하였어요.

"제발 당신을 사랑하는 내 진심을 받아 주시오."

제우스의 설득에 마침내 에우리파 공주도 마음을 열었어요.

"알겠어요, 제우스 님. 당신의 사랑을 받아들이겠어요."

"아, 고마워요, 고마워요, 에우리파!"

제우스는 기쁨에 겨워 에우리파를 덥석 안고 한 바퀴 빙그르르 돌았어요.

"하하하, 호호호!"

제우스와 에우리파 공주의 즐거운 웃음소리가

크레타 섬을 가득 채웠어요.

제우스와 에우리파가 사랑을 나누며 행복한 시간을 보낼 때, 헤라는 질투로 어찌 할 바를 몰랐어요. 제우스가 헤라의 눈을 피한 줄 알았지만, 헤라는 이미 다 알고 있었답니다.

"으으으, 에우리파! 너를 용서하지 않겠다!"

헤라의 두 눈에서 분노의 불길이 이글이글 타올랐어요.

"아악, 제우스! 이 바람둥이! 들어오기만 해!"

악에 바친 헤라의 외침이 오래도록 올림포스 산에 쩌렁쩌렁 울렸어요.

한편 제우스는 자신이 변신했던 황소의 모습을 하늘의 별자리 만들었어요. 이 별자리가 바로 '황소자리'랍니다.

황소자리

(생일 양력 4월 21일~5월 20일)

오리온자리와 양자리 사이에 있는 별자리예요. 황도 십이궁의 둘째 별자리로 11월 중순부터 1월까지 남쪽 밤하늘에서 밝게 빛나는 별이에요.

알쏭달쏭~ 황소자리의 성격

★ **온화하고 참을성 많은 평화주의자!**

순하고 느긋한 성격으로, 조용히 침묵을 지키며, 다툼을 피하는 성격이에요. 하지만 한번 화가 나면 화산이 폭발하듯 화를 내지요. 생각이 깊고 조심성이 많아요.

★ **이런 점은 조심!**

변화를 싫어하고 고집이 세서 융통성이 없다는 말을 듣기 쉬워요. 자기 생각만을 고집하기보다는 남의 의견도 너그럽게 받아들이는 노력이 필요해요.

믿거나말거나~ 황소자리에 딱 맞는 직업

★ **황소자리의 성향은?**

한번 세운 목표는 반드시 달성하는 끈기와 고집이 있어요. 그래서 장인 정신을 발휘해 한 가지를 차근차근 꾸준히 하는 일이 어울려요.

★ **이런 직업이 맞아요!**

조각가, 건축가, 인테리어 디자이너, 요리사, 은행원, 회계사, 세무사, 공인중개사, 공무원, 소믈리에, 플로리스트 등.

꽁냥꽁냥~ 황소자리의 친구 관계

★ 비슷한 성격의 친구가 좋아요!

쉽게 사람을 사귀지 않지만, 한번 마음을 열면 아낌없이 마음을 주지요. 단, 질투와 소유욕이 강해서 자유분방한 사람과는 친구가 되기 어려워요.

★ 황소자리와 잘 맞는 친구는?

게자리, 물고기자리, 쌍둥이자리, 염소자리!

게자리, 물고기자리는 서로 의지하며 우정을 쌓아가요. 같은 황소자리와는 편안한 친구 관계를 유지하고, 염소자리와는 단짝 친구가 된답니다.

★ 황소자리와 안 맞는 친구는?

양자리, 물병자리, 궁수자리!

양자리의 활동성을 따라가지 못하고, 물병자리의 무심함에는 답답을 느껴요. 궁수자리의 자유분방함에는 지쳐 버리기 때문에 친구가 되기 힘들어요.

깨알 팁~ 황소자리 유명인은?

- 이효리 대한민국의 가수
- 프로이드 오스트리아의 신경과 의사, 정신분석의 창시자
- 마르크스 독일의 경제학자, 정치학자
- 차이코프스키 러시아의 작곡가
- 오드리 햅번 미국의 영화배우
- 김희애 대한민국의 영화배우, 탤런트

쌍둥이자리

"정원의 꽃이 아름답게 피었구나! 혼자 산책하고 싶으니 너희들은 잠시 물러가 있거라."

"네, 왕비 마마."

스파르타의 왕비 레다는 느긋하게 거닐며 정원의 꽃들을 감상했어요. 그때 어디선가 백조 한 마리가 날아와 레다 왕비 앞에 사뿐히 내려앉았어요.

"어머, 웬 백조람?"

레다 왕비는 깜짝 놀라 한걸음 뒤로 물러났어요.

백조는 우아한 자태로 가만히 레다 왕비를 바라보았어요.

레다 왕비는 가만히 백조에게 다가가 눈을 보며

말했어요.

"어머, 참 멋진 백조구나!"

그러자 백조는 스르르 남자로 변했어요.

"에구머니나! 이, 이게 어찌된 일이지?"

레다 왕비는 너무 놀라 하마터면 엉덩방아를 찧을 뻔했어요.

"너무 놀라지 마시오. 나는 제우스요."

"뭐라고요? 제, 제우스 님이라고요?"

레다 왕비는 신 중의 신 제우스가 자신의 눈앞에 있다는 사실에 또 한 번 놀랐어요.

"그렇다오. 하하하! 그대의 모습에 반해 이렇게 온 것이라오."

"저, 정말인가요? 호호호!"

레다 왕비는 제우스의 말에 부끄러우면서도 은근히 기분이 좋았어요.

그러고 보니 제우스의 모습도 무척 멋졌어요. 레다 왕비는 제우스가 좋아졌어요.

"함께 거닐며 아름다운 꽃들을 구경할까요?"

제우스는 레다 왕비와 단둘이 즐거운 시간을 보내고 돌아갔어요.

그 후 레다 왕비의 배가 불러오더니, 어느 날 커다란 백조 알 두 개를 낳았어요. 하나의 알에서 남자아이와 여자아이가 태어났는데, 둘은 스파르타의 왕 틴다레우스의 자식이었어요. 남자아이는 카스토르, 여자아이는 클리템네스트라로 이름을 지었어요. 나머지 하나의 알에서도 남녀 아이가 한 명씩 태어났어요. 두 아이는 제우스의 자식이었어요. 남자아이의 이름은 폴룩스, 여자아이의 이름은 헬레네라고 지었답니다.

같은 날 태어났지만 아버지에 따라 아이들의 운명은 서로 달랐어요. 카스토르와 클리템네스트라는 인간인 틴다레우스 왕의 피를 이어 받아 언젠가는 죽는 운명을 가지고 태어났어요. 하지만 제우스의 자식인 폴룩스와 헬레네는 영원히 죽지 않는 생명을 지니고 있었답니다.

쌍둥이 형제인 카스토르와 폴룩스는 사이가 무척 좋았어요. 늘 둘이 붙어 다니며 공부를 하고 무예를 익혔어요. 조금 더 일찍 태어나 형이 된 카스토르는 말을 잘 타고 군대를 이끄는 능력이 뛰어났어요. 동생 폴룩스는 권투를 잘했어요. 특히 대장장이 신 헤파이스토스에게 주문해 만든 철 손목을 찼는데, 힘이 아주 대단했어요. 철 손목을 휘두르면 웬만한 군대 하나쯤은 폴룩스 혼자서 거뜬히 물리칠 수 있었어요.

"카스토르 형, 난 형과 함께 있으면 세상 무엇도 겁나지 않아!"

"폴룩스, 나도 네가 있어서 아주 든든해!"

쌍둥이 형제는 어릴 때나 어른이 되어서나 변함없이 우애가 좋았어요.

어느 날 오후, 마당에서 권투 연습을 하고 있는

폴룩스를 향해 카스토르가 다가왔어요.

"폴룩스, 너에게 할 말이 있는데……."

언제나 씩씩한 카스토르가 주저하며 폴룩스에게 말을 건넸어요.

"무슨 말인데?"

오른팔을 앞으로 쭉 뻗으며 폴룩스가 물었어요.

"나 좋아하는 사람이 생겼어."

"정말이야?"

폴룩스가 팔을 내리고 카스토르를 보았어요.

"으응……."

"그게 누군데?"

"레우키포스 숙부의 큰딸……."

"뭐라고? 하하하!"

카스토르의 말을 들은 폴룩스가 고개를 뒤로 젖히며 크게 웃었어요.

"아니, 왜 웃는 거야?"

"형, 사실은 나도 좋아하는 사람이 생겼어!"

폴룩스가 땀에 젖은 머리칼을 쓸어 넘기며 큰 소리로 말했어요.

"오, 그래? 넌 누구를……?"

"나는……. 레우키포스 숙부의 둘째딸!"

"뭐라고? 그게 정말이야? 하하하!"

카스토르도 입을 크게 벌리고 웃었어요.

그런데 문제가 있었어요. 숙부의 자매는 이미 사촌인 이다스와 린케우스와 약혼을 한 상태였어요.

"형, 약혼자가 있다고 마음에 둔 여인을 포기할 거야?"

"무슨 소리! 절대 그럴 수 없어. 너는?"

"나도 절대 포기 못하지!"

마침내 쌍둥이 형제는 숙부의 딸을 차지하기 위

해 약혼자인 이다스와 린케우스에게 결투를 신청했어요. 넷은 넓은 들판에서 만나 긴 칼을 뽑아들고 불꽃 튀기는 싸움을 벌였어요.

"죽어도 내 약혼자를 빼앗길 수 없다!"

"나 역시 좋아하는 여인을 포기할 수 없다!"

"챙!"

"챙그랑! 얍!"

약혼자들의 칼솜씨도 보통이 아니었어요. 싸움은 쉽게 끝나지 않았어요. 밀고 밀리는 싸움이 계속되었어요. 칼과 칼이 부딪치는 소리와 네 젊은이의 기합 소리가 넓은 들판을 가득 메웠어요.

그러던 순간 누군가의 외마디 비명이 울렸어요.

"으악!"

곧 이어 또 다른 비명이 울렸어요.

"아악!"

숙부 딸들의 두 약혼자가 피가 흐르는 배를 움켜쥐고 쓰러지더니 곧 숨을 거두었어요. 이어서 또 한 사람, 카스토르가 울컥 피를 토하며 그자리에 쓰러졌어요.

"형, 정신 차려. 형, 카스토르 형!"

폴룩스가 카스토르를 안고 소리쳤지만, 심장을 깊이 찔린 카스토르는 이미 숨을 거둔 상태였어요.

"아, 이게 무슨 일이야? 형이 죽다니! 아, 흐흐흑!"

폴룩스는 카스토르를 안고 흐느껴 울었어요.

"난 언제나 형과 함께였어. 나 혼자 살아가는 건 아무 의미가 없어. 흑흑!"

폴룩스는 형을 따라 죽기 위해 칼로 자신의 심장을 깊이 찔렀어요. 그러나 영원한 생명을 지닌 폴룩스의 목숨은 끊어지지 않았어요.

폴룩스는 자신의 가슴을 움켜쥐고 하늘을 향해

외쳤어요.

"나의 아버지 제우스시여, 제발 저를 죽게 해 주세요. 저는 형과 함께 살고 형과 함께 죽고 싶습니다. 제 목숨을 거두시어 형의 곁으로 보내 주소서!"

폴룩스는 울면서 간절히 기원했어요.

기도를 들은 제우스는 쌍둥이의 우애에 크게 감명을 받았어요.

"알았다. 카스토르에게 너의 영원한 생명을 나누어 주겠다. 대신 하루의 반은 천상에서 신들과 함께 지내고, 나머지 반은 지하 세계인 저승에서 지내야 한다."

제우스는 쌍둥이 형제의 영혼을 하늘에 올려 별자리로 만들었어요. 이 별자리가 바로 '쌍둥이자리'랍니다.

쌍둥이자리

(생일 양력 5월 21일~6월 21일)

황소자리와 게자리 사이에 있는 별자리예요. 황도 십이궁의 셋째 별자리로, 겨울철 밤하늘 한가운데에서 볼 수 있어요.

알쏭달쏭~ 쌍둥이자리의 성격

★ 다재다능한 재간둥이!
머리가 좋고 이해가 빨라서 어떤 일이든 금방 터득해요. 붙임성도 좋아서 사람들을 두루 사귀며 재치와 유머로 인기를 한 몸에 받아요.

★ 이런 점은 조심!
인내심이 부족해서 불성실하고 무책임한 행동을 하곤 해요. 한번 시작한 일은 꾹 참고 끝까지 해내겠다는 굳은 각오와 의지가 필요해요.

믿거나말거나~ 쌍둥이자리에 딱 맞는 직업

★ 쌍둥이자리의 성향은?
말솜씨와 순발력이 좋아서 사람을 상대하는 일에 재능이 있어요. 글 쓰는 일도 잘 맞아요. 단순, 반복적인 일, 오랫동안 해야 하는 일은 맞지 않아요.

★ 이런 직업이 맞아요!
통역관, 외교관, 여행 가이드, 나레이터 모델, 스튜어디스, 방송인, 선생님, 마케터, 작가, 기자, 평론가 등.

꽁냥꽁냥~ 쌍둥이자리의 친구 관계

★**이야기가 잘 통하는 사람이 좋아요!**
쌍둥이자리는 지적 호기심이 많고 대화를 좋아하기 때문에 똑똑하고 이야기가 잘 통하는 친구를 좋아해요.

★**쌍둥이자리와 잘 맞는 친구는?**
천칭자리, 물병자리, 사자자리, 양자리, 쌍둥이자리!
천칭자리와 물병자리는 서로 부족한 부분을 채우는 우정을 쌓고, 사자자리와 양자리는 마음이 잘 통해서 즐거운 친구 사이가 돼요. 같은 쌍둥이자리와도 무난해요.

★**쌍둥이자리와 안 맞는 친구는?**
황소자리, 게자리, 처녀자리, 전갈자리, 물고기자리!
황소자리의 느긋한 모습에 답답함을 느끼고, 게자리와 물고기자리와는 성격이 맞지 않아 잘 다투게 돼요. 전갈자리, 처녀자리와는 생각이 달라서 오랫동안 친구로 지내기 힘들어요.

깨알 팁~ 쌍둥이자리 유명인은?

- **강호동** 대한민국의 MC
- **손석희** 대한민국의 언론인
- **아서 코난 도일** 영국의 추리 작가
- **폴 고갱** 프랑스 후기 인상파 화가
- **나탈리 포트만** 미국 영화배우
- **움베르트 에코** 이탈리아의 소설가

게자리

"헤라클레스는 당장 미케네로 가서 에우리스테우스 왕을 섬기도록 하라."

어느 날, 신 중의 신인 제우스는 아들 헤라클레스에게 이렇게 명령했어요.

"알겠습니다. 지금 곧 떠나도록 하겠습니다."

헤라클레스는 제우스의 명을 받자마자 미케네로 떠나, 에우리스테우스 왕을 섬기었어요.

그런데 에우리스테우스 왕은 무척 소심하고 어리석은 사람이었어요. 헤라클레스는 그런 왕을 섬기는 것이 영 마땅치 않았답니다.

"언제까지 못난 왕을 섬겨야 한단 말인가!"

이렇게 탄식하던 헤라클레스는 마침내 에우리스테우스 왕의 곁을 떠나고 말았어요.

하늘에서 이 광경을 지켜보던 헤라는 이맛살을 찌푸리며 말했어요.

"마음대로 왕의 곁을 떠나다니! 헤라클레스, 아주 건방지구나!"

제우스의 아내 헤라는 헤라클레스를 몹시 미워했어요. 왜냐하면 헤라클레스는 제우스가 바람을 피워 인간인 알크메네 사이에서 낳은 아들이거든요.

"흥, 이번에 아주 혼을 내줘야겠어."

질투에 눈이 먼 헤라는 헤라클레스를 미치광이로 만들어 버렸어요.

미치광이가 된 헤라클레스에게 사랑스런 아내는 사자로, 귀여운 두 아들은 하이에나로 보였어요. 아내와 아들이 헤라클레스에게 하는 말은 맹수의

울부짖음으로 들렸고요.

"아버지! 왜 그러세요?"

"여보, 무슨 일 있어요?"

미치광이가 된 헤라클레스는 맹수들이 자신을 해치려 한다는 착각에 빠졌어요.

"이놈들이 나 헤라클레스를 몰라보고! 에잇!"

헤라클레스는 아내와 두 아들에게 달려들어 목을 졸라 죽였어요.

잠시 후 정신을 차린 헤라클레스는 자신이 저지른 끔찍한 범죄에 괴로워했어요.

"어떻게 이런 일이! 아, 이 죄를 어떻게 씻을 수 있단 말인가? 신이시여, 저에게 답을 주십시오!"

헤라클레스는 델포이에 있는 아폴론 신전에 꿇어앉아 눈물로 기도를 드렸어요.

그러자 '미케네의 에우리스테우스 왕을 찾아가

라.'는 신탁이 내려왔어요.

"버리고 떠나온 에우리스테우스 왕을 찾아가라고요?"

비록 자신이 저버린 어리석은 왕이지만, 신탁을 거역할 수 없었어요.

헤라클레스는 에우리스테우스 왕 앞에 나아가 용서를 구했어요.

그러자 왕이 헤라클레스에게 말했어요.

"그대에게 12가지의 모험을 내리겠다. 12가지의 모험을 모두 마치면 그때는 내 곁을 떠나도 좋다."

에우리스테우스 왕이 헤라클레스에게 내린 12가지의 모험은 인간의 힘으로는 마칠 수 없는 것들이었어요. 하지만 헤라클레스는 두 주먹을 불끈 쥐고 에우리스테우스 왕이 내린 12가지의 모험을 받아들였어요.

첫 번째 모험은 사자와 맨손으로 싸우는 것이었

어요. 헤라클레스는 사자를 때려눕히고 사자의 가죽을 벗겨 몸에 걸치고 돌아왔어요.

그 후 두 번째 모험을 위해 레르네 지방으로 향했어요. 그곳에는 머리가 아홉 개 달린 괴물 뱀 히드라가 살고 있었어요. 에우리스테우스 왕이 제시한 두 번째 모험은 바로 이 흉측한 괴물 히드라를 죽이는 것이었어요.

"제아무리 흉측한 괴물이라고 해도 나 헤라클레스를 이길 수는 없어!"

헤라클레스는 자신만만하게 히드라를 찾아 떠났어요.

레르네 지방에 다다른 헤라클레스는 손쉽게 히드라를 찾을 수 있었어요.

"흠, 네가 바로 괴물 히드라구나. 오늘로써 너의 운명도 끝이다!"

헤라클레스는 주저하지 않고 히드라에게 덤벼들었어요.

"에잇, 얍!"

칼을 쥔 손을 높이 들어 히드라의 머리 하나를 힘껏 쳐내자 놀랍게도 그 자리에 머리 두 개가 다시 자라났어요. 헤라클레스는 더욱더 힘을 내 히드라의 목들을 베어냈어요. 하지만 그때마다 두 개의 목이 다시 자라나 히드라는 죽지 않았어요.

"나 혼자서는 도저히 무찌를 수가 없어. 이올라오스, 이리 와서 나 좀 도와줘!"

헤라클레스는 조카이자 친구이며, 그의 마부인 이올라오스에게 도움을 요청했어요.

한편, 헤라클레스와 히드라의 싸움을 보고 있던 헤라는 짜증이 났어요. 사실 에우리스테우스 왕이 내린 12가지의 모험은 헤라가 꾸민 일이었어요. 눈엣가시처럼 미운 헤라클레스를 없애기 위해 인간으로서는 도저히 마칠 수 없는 모험을 내렸던 거지요.

그런데 히드라에 물려 단번에 죽을 줄 안 헤라클레스가 지친 기색도 없이 히드라와 맞서 싸우자 헤라는 화가 치밀었어요.

"안 되겠다. 히드라를 좀 도와줘야지."

헤라는 커다란 집게발을 가진 게를 불렀어요.

"지금 당장 레르네로 가서 히드라를 도와라. 너의 그 집게발로 헤라클레스를 꽉 물어서 꼼짝 못하게 하란 말이다."

"알겠습니다. 헤라 님."

"후훗, 꼴 보기 싫은 헤라클레스, 이번에는 살아남지 못하겠지?"

헤라는 승리에 찬 미소를 지었어요.

헤라클레스는 히드라와의 싸움을 한 달이나 계

속했어요. 싸움은 끝날 기세가 보이지 않았어요.

"이올라오스, 싸움 방법을 바꿔야겠어. 내가 히드라의 목을 베면 너는 재빨리 그곳을 장작불로 지지도록 해. 그러면 히드라의 머리가 다시 자라지 않을 거야."

"좋은 생각이야. 한번 해 보자!"

헤라클레스가 히드라의 목 하나를 베자 이올라오스는 얼른 그곳을 장작불로 지졌어요. 그러자 정말로 히드라의 머리는 다시 자라지 않았어요.

"얏호! 됐다, 됐어!"

헤라클레스와 이올라오스는 두 팔을 높이 들고 기뻐하였어요. 그때 갑자기 헤라클레스가 비명을 질렀어요.

"으아악, 아얏!"

헤라클레스 근처에서 몸을 숨기고 있던 게가 헤

라클레스의 발가락을 집게발로 꽉 문 것이었어요.

"이, 이건 또 뭐야? 에잇!"

헤라클레스는 물린 다리를 들어 힘껏 흔들었어요. 그 바람에 헤라클레스의 발을 물고 있던 게의 다리가 부러지면서 게는 땅에 내동댕이쳐졌어요.

"감히 네가 내 발가락을 물었겠다? 에잇!"

화가 난 헤라클레스는 커다란 발을 들어 게를 힘껏 짓이겨 밟았어요.

헤라클레스는 다시 히드라에게 덤벼들어 하나씩 목을 베었고, 이올라오스는 벤 곳을 불로 지졌어요.

마침내 8개의 머리를 모두 베었어요. 하지만 히드라는 아직 죽지 않았어요. 가운데 있는 아홉 번째 머리는 죽지 않는 머리였거든요.

"헤라클레스, 아홉 번째 머리는 다른 방법을 생각해야겠어."

"음, 죽지 않는 머리라면……."

헤라클레스는 재빨리 아홉 번째 머리를 베어서 길옆 바위 아래 묻어 버렸어요. 그러고는 히드라의 몸통을 가르고 독이 있는 히드라의 피에 가지고 있던 화살촉 모두를 골고루 묻혔어요. 이제 헤라클레스의 화살은 무서운 무기가 되었어요. 만일 화살촉으로 조금만 상처를 입어도 온몸에 히드라의 독이 퍼져 목숨을 잃을 수 있으니까요.

"두 번째 모험도 성공이다! 하하하!"

헤라클레스가 크게 기뻐하자, 헤라는 화가 나 견딜 수가 없었어요. 더구나 게가 자신 때문에 죽은 것을 생각하니 헤라클레스가 더욱더 미웠어요.

"게야, 내 너를 영원히 기억하도록 하마."

헤라는 게의 시체를 하늘로 올려 별자리로 만들었어요. 이 별자리가 바로 '게자리'랍니다.

너와 나의 별자리 점!

게자리

(생일 양력 6월 22일~7월 22일)

쌍둥이자리와 사자자리 사이에서 볼 수 있어요. 별빛이 밝지 않아서 눈으로는 잘 보이지 않아요. 뿌옇게 퍼진 얼룩처럼 보일 정도로 황도 십이궁 가운데 가장 어두운 별자리예요.

알쏭달쏭~ 게자리의 성격

★다정다감함 속에 숨은 강인한 정신력!

모성애가 강하고 다정다감해요. 특히 가족이나 친구에게 애정이 깊고, 무척 헌신적이지요. 마음이 모질지 못해서 다른 사람을 함부로 대하지도 않아요. 소중한 사람이나 자기 영역을 지키려는 보호 본능이 아주 강해요.

★이런 점은 조심!

상처를 잘 받는 편이라, 자신이 상처를 받지 않으려고 상대에게 먼저 상처를 줄 수 있어요. 홧김에라도 심한 말을 하지 않도록 해요.

믿거나말거나~ 게자리에 딱 맞는 직업

★게자리의 성향은?

미적 감각이 뛰어나 꼼꼼하게 만드는 일을 잘해요. 또 모성애가 강해 사람을 상대하는 일도 좋아요. 단, 끈기가 부족해 오랜 동안 집중하는 일은 노!

★이런 직업이 맞아요!

패션디자이너, 코디네이터, 유치원 선생님, 요리연구가, 작가, 북에디터, 간호사, 산부인과 의사, 사회복지사, 카운슬러, 심리학자 등.

꽁냥꽁냥~ 게자리의 친구 관계

★ **선뜻 마음을 열지 못해요!**
선뜻 마음을 열지 못하고, 정서가 맞는 사람과 서서히 친해져요. 대신 한번 친해지면 변함없이 우정을 유지하는 진국이랍니다.

★ **게자리와 잘 맞는 친구는?**
물고기자리, 황소자리, 게자리!
물고기자리와는 서로를 깊이 아끼는 단짝이 되고, 황소자리와는 한결같은 모습으로 우정을 나누어요. 게자리와는 이야기가 잘 통하는 친구가 돼요.

★ **게자리와 안 맞는 친구는?**
사자자리, 염소자리, 물병자리, 궁수자리!
사자자리는 취향이 너무 다르고, 염소자리는 성격이 달라 자주 다투게 돼요. 자유분방한 궁수자리와 독립적인 물병자리는 마음을 나누기 좋아하는 게자리와 잘 맞지 않아요.

깨알 팁~ 게자리 유명인은?

- **피에르 가르뎅** 이탈리아의 패션 디자이너
- **생텍쥐페리** 프랑스의 작가
- **넬슨 만델라** 남아프리카 공화국 최초의 흑인 대통령
- **조르지오 아르마니** 이탈리아의 세계적인 패션 디자이너
- **렘브란트** 네덜란드의 화가
- **이병헌** 대한민국의 영화배우, 탤런트